MENTES QUE AMAM DEMAIS

Ana Beatriz Barbosa Silva
com a colaboração de
Dr. Alex Rocha
e Drª Lya Ximenez

MENTES QUE AMAM DEMAIS
O jeito borderline de ser

2ª edição

principium

Copyright © 2018 by Ana Beatriz Barbosa Silva
Copyright © 2018 by Abbs cursos e Palestras Eireli

Todos os direitos reservados. Nenhuma parte desta edição pode ser utilizada ou reproduzida – em qualquer meio ou forma, seja mecânico ou eletrônico, fotocópia, gravação etc. – nem apropriada ou estocada em sistema de banco de dados sem a expressa autorização da editora.

Texto fixado conforme as regras do Novo Acordo Ortográfico da Língua Portuguesa (Decreto Legislativo nº 54, de 1995).

Editora responsável: Camila Werner
Editor assistente: Lucas de Sena Lima
Revisão de texto: Flavia Midori, Raïtsa Leal e Bruno Fiúza
Projeto gráfico: Mateus Valadares
Diagramação e capa: Equatorium Design
Ilustrações: Fernando Gonda
Imagens da capa: Shutterstock

2ª edição, 2018
11ª reimpressão, 2025

Edição revista e ampliada baseada na obra originalmente publicada com o título *Corações descontrolados*, da própria autora

CIP-BRASIL. CATALOGAÇÃO NA PUBLICAÇÃO
SINDICATO NACIONAL DOS EDITORES DE LIVROS, RJ

S578m
3. ed.

Silva, Ana Beatriz Barbosa
Mentes que amam demais : o jeito borderline de ser / Ana Beatriz Barbosa Silva ; colaboração Alex Rocha , Lya Ximenez; [ilustração Fernando Gonda]. - 2. ed. - São Paulo : Principium, 2018.
240 p. : il. ; 23 cm.

ISBN 9788525065513

1. Psicologia. 2. Psiquiatria. I. Rocha, Alex. II. Ximenez, Lya. III. Gonda, Fernando. IV. Título.

18-48561	CDD: 155
	CDU: 159.92

Direitos de edição em língua portuguesa para o Brasil adquiridos por Editora Globo S.A.
Av. Marquês de Pombal, 25 – 20230-240
Rio de Janeiro – RJ – Brasil
www.globolivros.com.br

Sumário

7   Introdução

15   Capítulo 1 — Transtorno de personalidade borderline

31   Capítulo 2 — Borderline: uma visão mais detalhada

57   Capítulo 3 — Adolescentes borderlines

81   Capítulo 4 — Uma infância diferente: crianças podem ter o transtorno borderline?

97   Capítulo 5 — Mães borders: filhos confusos

117   Capítulo 6 — "Pisando em ovos": as relações interpessoais no universo borderline

135 Capítulo 7 — Ser, estar ou parecer borderline: tudo se assemelha, mas cada coisa tem seu lugar

149 Capítulo 8 — Tratamento border: nem tudo que queremos é o melhor para nós mesmos

175 Capítulo 9 — Celebridades com suposto funcionamento borderline

197 Capítulo 10 — De onde vem tudo isso?

215 Capítulo 11 — A importância das relações saudáveis

229 Bibliografia

Introdução

Desta vez a memória não me falha: posso recordar tudo como se estivesse assistindo a um grande filme de ação na sala de cinema mais equipada.

Era final da tarde do dia 23 de dezembro de 2009, eu fazia uma caminhada pela praia do Leblon, aqui no Rio de Janeiro. Resolvi parar e me sentar em um quiosque, pois não consegui resistir ao pôr do sol que já se iniciava e fazia do morro Dois Irmãos o ponto mais luminoso e destacado da cidade. Lá estava eu, novamente, diante da mesma cena que já havia visto milhares de vezes, desde minha infância. Naquele dia, como em tantos outros em que parei para assistir ao astro-rei se despedir em seu apoteótico "boa noite e até amanhã", tive a impressão de sempre: aquele era o mais belo pôr do sol que já tinha visto. Acho que todo carioca passa por isso, ficamos sempre encantados com a beleza da geografia e da luminosidade da cidade maravilhosa.

Sentada ali no quiosque, sorvendo lentamente uma água de coco, fui tomada por uma sensação de pura felicidade, e um único pensamento invadiu minha mente: "Isso é uma droga do bem". Tive a certeza de que o "vício" de ser carioca jamais seria superado nessa minha tênue existência. Naquele exato momento, tudo era mágico: as pessoas na areia, o mar calmo em tons dourados, as bicicletas coloridas, as bolas de vôlei ritmadas, os atletas disciplinados e muitos turistas e jovens em férias escolares faziam figuração para que o astro da cena finalizasse sua atuação do dia em grande estilo. Nada no mundo poderia me ser mais prazeroso que aquilo.

O sol se foi muito rápido, mas o "negativo" de sua luz ainda permanecia em minhas retinas. Ainda fiquei ali por alguns minutos, como se quisesse parar o tempo e enlatar aquela sensação maravilhosa, para poder resgatá-la em momentos futuros, quando a vida carece de luminosas certezas. São os dias *sim* que nos fazem superar os dias *não* e, naquela tarde, o dia era todo *sim*.

Logo que me levantei para retomar minha caminhada, meu celular começou a tocar, de forma insistente. Era Vitória, uma velha amiga que desde a adolescência sempre esteve presente em minha vida, de um jeito bastante peculiar. Ela era meiga, carinhosa e muito intensa, capaz de fazer qualquer coisa por seus amigos "da hora" e "amores" do momento. Vitória tinha o dom de arranjar amores à primeira vista e amigos novos que, em apenas dois ou três dias, se tornavam seus melhores "amigos de infância". Quando estava apaixonada, sumia e vivia de amor sem deixar rastros ou sinais de vida. Por outro lado, quando suas relações acabavam, ela surgia com a força de uma tempestade trazendo ventos e caudalosas enxurradas de lágrimas. Sempre que isso acontecia, Vitória jurava que a vida tinha acabado e que nada mais fazia sentido antes de "partir dessa para uma melhor". Mas, ela precisava rever os amigos fiéis para agradecer por tudo e receber os últimos abraços e o verdadeiro aconchego de sua vida.

O telefone tocando com insistência piscava: Vitória, Vitória, Vitória. Rapidamente percebi que a *vibe* de paz e êxtase havia chegado ao fim, e algo bem diferente se anunciava naquele fim de tarde.

Decidida e de volta à realidade, atendi o telefone com a voz firme: "Oi, Vic, que surpresa! Como você está, querida?" Silêncio absoluto. Insisti: "Alô, Vic, alô..." De repente, gritos, choros e palavras soltas e picotadas: "Derrubei... portão... ele... Natal... prédio... polícia..." Fiquei apreensiva, não conseguia entender nada, mas tive certeza de que, dessa vez, a Vic estava envolvida em alguma encrenca, e das grandes!

A ligação caiu, não hesitei, liguei novamente e, do outro lado, um homem atendeu; me antecipei: "Alô, eu sou a Dra. Ana Beatriz e preciso falar com a senhora Vitória, por favor." Ele foi bem objetivo: "A senhora é a médica ou a advogada da dona Vitória?" Resolvi ser mais clara: "Sou amiga e preciso saber o que houve". Do outro lado: "Sou policial, estou levando a dona Vitória presa por invasão de domicílio e destruição de patrimônio".

Sem saber muito bem do que se tratava, pedi o endereço da cena dos "crimes", peguei o primeiro táxi e fui ao encontro de Vic. No caminho, telefonei para Roberto, um amigo advogado, e pedi que ele fosse até lá nos ajudar. Quando cheguei, Roberto já estava em clima amistoso com os policiais do lado de fora da portaria de um prédio residencial e, do lado de dentro, avistei Vitória algemada, deitada num sofá. Aos berros, dizia que aquilo tudo era um absurdo, pois ela só queria desejar Feliz Natal ao ex-namorado. Na calçada, havia um portão estendido no chão e o carro de Vitória amassado.

Em poucos segundos, pude entender toda a confusão. Felipe, ex-namorado de Vitória, havia proibido a entrada dela no prédio após o término da relação, e Vic, inconformada, resolveu entrar à força para tentar convencê-lo de que ele era o homem de sua vida! Era sempre assim quando Vic chegava ao fim de um relacionamento: muita choradeira, bebedeira, telefonemas e visitas à casa do ex, em tentativas desesperadas de ter seu amor de volta. Só que dessa vez a situação tinha ido longe demais: às vésperas do Natal estávamos ali, eu, Roberto, Vic, Felipe, a atual namorada dele, três policiais e um portão eletrônico destruído.

Passamos a noite na delegacia e Roberto conseguiu que ela fosse liberada e respondesse ao processo em liberdade. Levamos Vic para a casa de seus pais, onde ela dormiu após tomar a medicação que seu médico, com quem falei ao telefone, tinha lhe prescrito havia mais de 15 dias.

Quando cheguei em casa, já era manhã do dia 24 de dezembro, quase Natal, época de nascimento ou, quem sabe, renascimento! Lembrei-me de minha amiga, seu trágico estado e dos tempos de outrora. Vitória sempre fora a menina mais bonita e exuberante de nosso grupinho de amigas. Os meninos eram loucos por ela, que conhecia muito bem a arte de seduzi-los. Vic tinha um jeito de menina sapeca, sempre com sorrisos e gestos empáticos, que a tornavam a mais popular da escola. Além disso, era divertida e sabia, como ninguém, imitar as mocinhas dos filmes e novelas; ela tinha o dom de nos fazer rir e chorar a cada interpretação espontânea, ora imitando uma professora, sua mãe ou a diretora, ora a Simone de *Selva de Pedra* ou a Gabriela do seu Nacib. Ela era especial, podia ser qualquer pessoa e sempre de forma intensa e natural. Tínhamos uma certeza: Vitória iria brilhar muito na vida. De todas nós, ela teria o melhor futuro, o melhor marido, o melhor emprego, a melhor vida, enfim. E nós estaríamos sempre por perto para curtir com ela toda a felicidade que a vida lhe traria.

O tempo passou e alguma coisa saiu errado. A Vic menina e adolescente havia se desmanchado. Vitória havia se perdido, e naquele momento era apenas uma bela mulher diluída em álcool, calmantes e outras drogas. Onde estava a Vic que abalava e animava todas as festas com seu visual exótico, suas histórias incomuns e sua animação sem fim? Na véspera de Natal de 2009, Vic estava ali, dormindo à base de remédios para não se machucar e não agredir ninguém.

Lembrei que Vic começou a mudar radicalmente aos 16 anos, quando se apaixonou pela primeira vez. Sua beleza, vivacidade e inteligência rolaram ladeira abaixo quando Antônio a trocou por outra menina da escola. Ali, vimos pela primeira vez uma pessoa raivosa, instável, agressiva, obsessiva em reatar o namoro, autodestrutiva e, por vezes, furiosa. Não com as amigas, mas com Antônio, principalmente, e com seus próprios familiares que tentavam impedi-la de rastejar atrás do ex-namorado. Na época, entendemos apenas como uma reação exagerada a uma paixão desfeita. Pouco tempo depois, ela encontrou Marcelo e o "mal de amor" por Antônio curou-se como que por milagre.

Em quase trinta anos de amizade, diversas vezes Vic encontrou o amor de sua vida e o perdeu para outra mulher, e toda vez que isso acontecia ela "aprontava alguma". Mas tudo passava e de tempos em tempos as superpoderosas se encontravam, e a nossa amiga mais divertida contava e representava seus dramas afetivos.

Profissionalmente, Vic se tornou uma executiva conhecida no ramo da moda e sua carreira acompanhava os altos e baixos da sua vida afetiva. Mas, mesmo entre grandes variações, seu talento para o mundo *fashion* era indiscutível. Ela já havia ganhado diversos prêmios e, por muitas vezes, foi figurinha estampada nas publicações mais conhecidas do ramo, no Brasil e no exterior.

Parecia inevitável relembrar tantos anos de amizade. De lembrança em lembrança, algumas fichas foram caindo: Vitória sempre fora uma pessoa com um toque superlativo; sua exuberância, sua capacidade de sedução, sua inteligência social, seu talento artístico, suas histórias de amor, seus dramas, seus choros, suas raivas, suas fúrias...

A vida foi nos afastando, os contatos se tornaram eventuais, mas ainda muito agradáveis. No entanto, as pessoas mais íntimas de seu convívio a descreviam como alguém muito instável, de difícil convivência e com uma vida afetiva bastante conturbada. Na realidade, o afeto turva nossa visão – Vitória era e sempre seria minha querida, divertida e carinhosa amiga de juventude. Porém, os acontecimentos daquele dia 23 de dezembro me fizeram perceber que, na verdade, ela sempre tinha sido uma pessoa diferente, dessas personalidades que conseguem amar e odiar diversas vezes. Vic nunca conseguiu ficar sozinha e feliz. Dizia ter um enorme vazio dentro de si, um vazio que nada nem ninguém podia preencher. Vic tem um jeito de ser e existir pautado na instabilidade afetiva e de humor, nas ações autodestrutivas (uso de drogas, sexo sem proteção, atitudes danosas) e no mais profundo medo de ser rejeitada. Isso tem nome: é o "jeito" borderline de ser. Tudo é *muito*, e muito ainda é pouco para quem é assim.

Estava claro para mim: Vitória precisava de ajuda, ela tinha um enorme caminho a percorrer rumo ao centro de si mesma, precisava aprender a ser ela mesma, e não mais uma projeção de seu "amor da hora". Ela estava perdida em si, sua identidade era fluida e, como tal, escorria por entre seus dedos, tornando sua vida uma sucessão de personagens criados a cada "novo amor". Era hora de ela perceber que sozinhos já somos um universo inteiro, e que nesse universo "do eu" existem todos os ingredientes para construirmos uma personalidade que dê conta de viver e ser feliz.

Eu me lembrei do pôr do sol do dia anterior e desejei, do fundo do coração, que Vic pudesse sentir, em breve, o prazer que tantas vezes senti com aquela cena. Esse prazer é algo interno, que não está no outro e sim na percepção de sermos quem somos, estejamos onde estivermos, amando tudo isso, mesmo que tudo isso seja banal e repetitivo.

O dia amanheceu meio nublado, o sol estava meio tímido entre nuvens densas, mas meu pensamento era claro como água cristalina: eu escreveria um livro sobre a personalidade borderline. Essa era minha maneira de expressar todo o afeto que sentia por Vic e por todas as pessoas que vivem por aí como ela, perdidas dentro de si, buscando fora (especialmente nos outros) o que está no fundo de seus universos particulares.

De alguma forma, a história de Vic me inspirou a escrever este livro com o intuito de apresentar a você, leitor, o melhor que pude escrever sobre essa personalidade tão complexa quanto intrigante. Espero que *Mentes que amam demais: o jeito borderline de ser* possa auxiliar e trazer esperança às pessoas nessa eterna caminhada rumo ao centro do próprio ser.

*Ciúmes, raiva, impulsividade,
baixa autoestima, instabilidade,
medo da rejeição.
O jeito borderline de ser.*

1
TRANSTORNO DE PERSONALIDADE BORDERLINE

Antes de descrever o que é o transtorno de personalidade borderline, é preciso compreender o que é uma personalidade propriamente dita.

De forma bem abrangente, a personalidade é um conjunto de padrões de pensamentos, sentimentos e comportamentos que uma pessoa apresenta ao longo de sua existência. É o resultado da interação dinâmica daquilo que herdamos geneticamente de nossos pais (temperamento) com as experiências que adquirimos durante toda a vida (caráter). A carga genética é fundamental para a constituição de nossa personalidade, mas as nossas vivências interpessoais e o ambiente no qual estamos inseridos também interferem na construção da pessoa que nos tornamos dia após dia. Somos a nossa personalidade e é assim que nos apresentamos ao mundo. Ela é o nosso cartão de visitas; a maneira pela qual cada um de nós consegue sentir o mundo ao redor e a si mesmo. É a nossa individualidade, o que nos distingue do outro.

Para se ter uma ideia da complexidade de uma personalidade, basta imaginar quantos sentimentos experimentamos em questão de segundos e quantos pensamentos são gerados a partir desses sentimentos. E mais: quantos comportamentos podemos apresentar, derivados de um único pensamento. Assim, fica claro que um simples sentimento é capaz de desencadear uma cascata de atividade mental, que se multiplica de forma exponencial dentro de cada um de nós. A questão fica bem mais dinâmica e sofisticada se imaginarmos também quantos sentimentos diferentes podemos ter. Não me refiro apenas aos básicos e bem-definidos, aqueles que somos capazes de nomear (como felicidade, tristeza, angústia, ciúmes, inveja, compaixão), mas a uma mistura deles, entrelaçados e tão pessoais que nos faltam palavras para descrevê-los.

Imaginou tudo isso até aqui? Então, agora, multiplique tais sentimentos por um número aleatório de pensamentos que eles podem gerar, e depois considere também um número para os comportamentos desencadeados por esses processos. O mecanismo mental de sentir, pensar e agir pode abranger uma quantidade incalculável de combinações, e essa matemática de possibilidades ilimitadas nos individualiza e determina quem somos e quem podemos ser durante toda a nossa existência. Essa é a nossa persona; a nossa personalidade.

Cada indivíduo pode experimentar sentimentos, pensamentos e comportamentos que nem sequer imaginamos. Nós somos únicos entre bilhões de outros seres humanos. Essa é a complexidade da mente e da personalidade humanas, infinitamente sedutora e, ao mesmo tempo, desafiadora. É preciso entender como as pessoas funcionam para que as relações interpessoais possam ser harmoniosas e transcendentes.

Diante do exposto, é possível perceber que classificar personalidades humanas não é uma tarefa tão simples. No entanto, isso é algo absolutamente necessário para que nosso entendimento da natureza humana possa avançar. Apenas dessa maneira, por meio do conhecimento, seremos capazes de aliviar dores, angústias, incertezas, sofrimentos e injustiças que norteiam a nossa existência. Nenhum homem é uma ilha, somos seres sociais. Existir é, portanto, navegar em águas desconhecidas, que somos nós mesmos e nossos semelhantes. Viver, sem dúvida, é navegar no mar das personalidades.

Então, como podemos classificar um tipo de personalidade? Como mencionado, a personalidade é um conjunto de padrões de pensamentos, sentimentos e comportamentos que tendem a se repetir em uma pessoa ao longo de sua vida. Quando um padrão sentir-pensar-agir é apresentado por diversas pessoas de forma estatisticamente relevante na população geral, passa a ser uma personalidade classificável.

Embora todos nós sejamos dotados dessa identidade psicológica conhecida como personalidade, manifestada de modo único em cada um de nós, existem algumas características predominantes que nos enquadram em determinado tipo. Assim, acabamos por nos tornar parecidos com certos indivíduos, que apresentam o mesmo padrão de funcionamento mental. Um tipo de personalidade reflete, em grande parte, a essência de uma pessoa, e um deles será o objeto de estudo deste livro.

Todos nós apresentamos momentos de *explosões de raiva, tristeza, impulsividade, teimosia, instabilidade de humor, ciúmes intensos, apego afetivo, desespero, descontrole emocional, medo da rejeição, insatisfação pessoal*. E, quase sempre, isso gera transtornos e prejuízos para nós mesmos e/ou para as pessoas ao nosso redor. Porém, quando esses comportamentos disfuncionais se apresentam de forma *frequente, intensa* e *persistente*, eles acabam por produzir um padrão existencial marcado por dificuldades de adaptação do indivíduo ao seu ambiente social. Quando isso ocorre podemos estar diante de um quadro bastante complexo, confuso e desorganizado, denominado *Transtorno de Personalidade Borderline* (TPB).

A personalidade borderline e suas interseções

Dizem que uma imagem vale mais que mil palavras ou que atitudes corretas dispensam discursos bonitos, e ainda que é praticando que se aprende. Pois então, aí vai mais um recado da sabedoria da "vida como ela é": a melhor maneira de reconhecer e saber como funciona e age o borderline é já ter convivido com um.

Os *borders* (vamos chamá-los assim) são tão intensos que a vida com eles pode ser tudo, menos tranquila. Há um excesso em tudo que dizem e fazem, no mais puro estilo exagerado de sentir, pensar e agir. Eles sempre marcam a vida das pessoas com quem convivem, especialmente se essa convivência for íntima. No quesito emoções fortes, os borders são imbatíveis. Entre tatuagens afetivas e cicatrizes amorosas, sempre haverá um número considerável de histórias excêntricas e esdrúxulas a contar. E são essas experiências que podem e devem ser transformadas em conhecimento sobre o comportamento humano, uma vez que a personalidade borderline se revela em diferentes facetas e nuances, como descrito adiante.

Borderline é uma palavra inglesa que significa fronteiriço, ou refere-se à linha que compõe a margem. Por sua vez, a margem pode ser definida como a faixa que limita ou circunda alguma coisa. A própria denominação, mesmo que em outra língua, já nos leva a deduzir que o funcionamento mental border guarda relação estreita com o substantivo *limite*. Os borders vivem literalmente "nos limites".

O primeiro limite é bem fácil de ser observado, pois diz respeito às emoções. Toda pessoa border vive no limite de uma hemorragia emocional – vez por outra sangra a alma e, não raro, o próprio corpo. Não é por outra razão que a afetividade compõe um de seus sintomas centrais e o mais difícil de ser estruturado.

Os borders também cruzam outras fronteiras, margeando diversos transtornos mentais. Como suas identidades são bastante fluidas, acabam por apresentar sintomas de outros quadros psiquiátricos, o que, em determinados momentos, pode dificultar ou retardar o diagnóstico preciso desses pacientes. A personalidade borderline invade os limites de outros transtornos mentais, estabelecendo territórios de interseção mas sem necessariamente coexistir com eles.

O esquema a seguir foi elaborado para que você tenha um melhor entendimento da complexidade border:

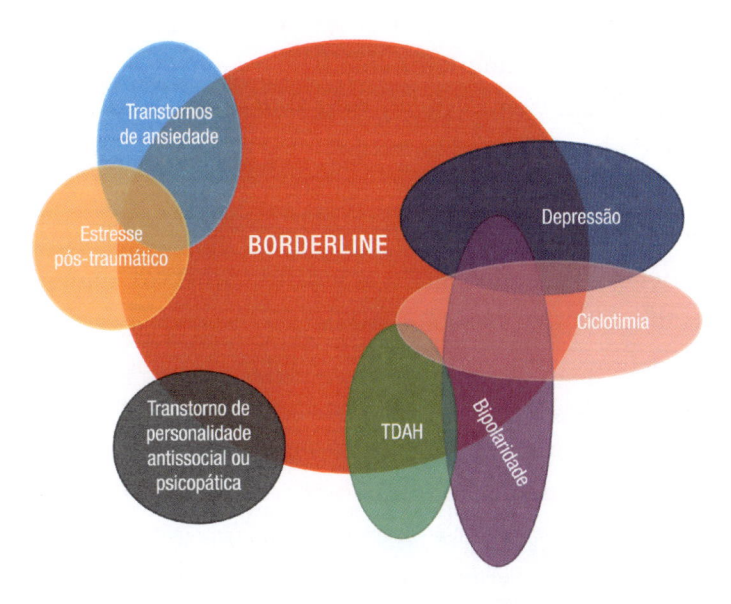

Figura 1. A personalidade borderline e suas interações. Elaborada por Dra. Ana Beatriz Barbosa Silva e Dra. Lya Ximenez.

Por meio da ilustração, percebe-se que a personalidade borderline pode se confundir com diversas facetas do comportamento humano e, em alguns momentos, se misturar a elas, a ponto de se estabelecer a falsa ideia de que esse paciente apresenta uma ampla coleção de diagnósticos psiquiátricos, o que não é verdade. Essa enorme fusão de sintomas reflete o quanto os limites da mente border são tênues e frouxos, e isso irá reverberar em toda a psicodinâmica dessas pessoas.

Muitas vezes, um border apresenta quadros depressivos e eufóricos de duração variável; no entanto, ambos tendem a ser precipitados por eventos externos imediatos. Como uma esponja emocional, a pessoa border é capaz de deprimir-se de forma imediata frente a um acontecimento frustrante, sobretudo quando este envolve rejeição afetiva, como o término de um relacionamento amoroso ou mesmo um leve desentendimento típico de casais. De forma igualmente imediata e intensa, a personalidade border pode apresentar alegria descabida (euforia) diante de uma possibilidade emocional ou profissional que seja por ela interpretada como aceitação ou aprovação de sua aparência, sentimentos ou um talento específico. Os borders são dependentes desses referenciais de desempenho imediato, uma vez que possuem sérias dificuldades de se autoavaliar.

Por serem e sentirem assim, muitas vezes nos fazem pensar que são portadoras de outros transtornos, como depressão,[1] ciclotimia[2] ou mesmo bipolaridade do humor. Mas é importante ter em mente que, antes de tudo, a personalidade border é uma forma de sentir, pensar e agir; ou seja, um jeito de "existir" ou "ser". As *variações de humor* dos borders estão presentes no dia a dia desde *sempre* e não se limitam a fases extremas e pontuais, como acontece nos outros transtornos citados. Além disso, nas

---

1 Tema do livro *Mentes depressivas: as três dimensões da doença do século*, de Ana Beatriz Barbosa Silva.
2 Um tipo de transtorno de humor que lembra o transtorno bipolar, mas que apresenta alternância de humor de forma menos intensa e menos duradoura.

pessoas que apresentam depressão, ciclotimia ou transtorno bipolar, as variações de humor não guardam relação estreita com os acontecimentos imediatos (frustrações, rejeições ou simples contrariedades), como se observa em quem é border.

Os borders também costumam ser confundidos com os portadores de TDAH;[3] muitos indivíduos procuram ajuda psiquiátrica ou psicológica justamente por se identificarem com as características desse transtorno. No entanto, um profissional experiente e atento ao histórico de vida do paciente, após aplicar técnicas diagnósticas, chegará à conclusão de que o caso não é TDAH, mas transtorno de personalidade borderline. Tal confusão é compreensível, já que a personalidade borderline e os portadores de TDAH guardam sintomas semelhantes, em particular quando são hiperativos e impulsivos. Eles estão sempre a mil por hora, vivem no limite do estresse e, consequentemente, demonstram sinais de impaciência e irritabilidade. Além disso, em geral, falam e agem impulsivamente, o que ocasiona situações sociais constrangedoras, aborrecimentos e indelicadezas em seus relacionamentos íntimos. Porém, é importante destacar que a questão central dos TDAHs é sua tendência à dispersão, que gera grande dificuldade em se concentrar e executar as tarefas cotidianas. Toda ansiedade, angústia, hiperatividade e impulsividade de um TDAH são secundárias a essa questão primária da desatenção, ou instabilidade atentiva.

A pessoa border, por sua vez, também apresenta sintomas de ansiedade, dificuldade de concentração e impulsividade; no entanto, a origem deles não está na hiperatividade mental (como

---

3 Transtorno do déficit de atenção/hiperatividade, tema do livro *Mentes Inquietas – TDAH: desatenção, hiperatividade e impulsividade*, de Ana Beatriz Barbosa Silva.

é o caso dos TDAHs), e sim na hiperatividade emocional ou afetiva. Isso faz a vida de uma pessoa border parecer uma aventura em uma montanha-russa repleta de *loopings*. Os TDAHs capotam no mar de pensamentos que seus cérebros produzem incessantemente; já os borders capotam nas emoções, no excesso de sentir. Tal excesso de sentimentos acaba por fazê-los perceber a realidade com tons exacerbados, seja em situações que geram emoções positivas ou negativas. Essa hipérbole de afetos desencadeia uma intensa instabilidade reativa do humor, grande dificuldade de autopercepção (incluindo a autoimagem e a autoestima) e uma impulsividade tão forte que, muitas vezes, se manifesta em verdadeiros acessos de raiva e fúria. Durante esses ataques descontrolados, os borders podem agredir o outro, cometer atos de automutilação ou fazer ameaças de suicídio. Nessas crises, fazem jus à expressão popular "fulano estava cego de raiva", como descrito no caso de Vitória, na introdução do livro.

Em seus descontroles afetivos, os borders são capazes de atitudes tão agressivas, desrespeitosas e destrutivas que, em um primeiro momento, imaginamos estar diante de uma personalidade cruel e indiferente aos demais. Por essa razão, costumam ser confundidos com personalidades psicopáticas ou psicopatas.[4] De fato, seus atos desesperados são capazes de gerar muito sofrimento e perdas materiais para as pessoas que são vítimas deles. Sem querer minimizar as consequências que os borders produzem na vida das pessoas que lhes são íntimas e "supostamente amadas" por eles, é fundamental entender que

---

4 Tema do livro *Mentes Perigosas: o psicopata mora ao lado*, de Ana Beatriz Barbosa Silva.

esses comportamentos, aparentemente maldosos, escondem uma personalidade que vive o tempo todo no limite do desespero afetivo frente à possibilidade do abandono e da rejeição. Tais atitudes ocorrem em situações reais ou imaginárias, advindas de uma mente ávida de identidade que, em geral, é a do outro; isto é, do seu objeto afetivo. Por outro lado, as personalidades psicopáticas planejam e executam suas maldades ou perversidades com intuitos muito claros: poder, status ou diversão (prazer). O desespero afetivo e o medo da rejeição não são algo que um psicopata seja capaz de sentir.

O relato de Bruna, uma paciente de 29 anos, mostra a dificuldade que os borders apresentam em lidar com a rejeição e o término de suas relações afetivas:

> Fui casada por seis anos e há mais de três sofro, desesperadamente, com o fim do relacionamento. Não consigo esquecer meu marido, mas, ao mesmo tempo, sinto ódio dele, vivo pensando em vingança. Temos uma filha e, por isso, não queria sentir tantas coisas ruins por esse homem. Durante o período em que estivemos juntos eu sentia muito ciúme, ligava o tempo todo para saber onde ele estava, com quem... Eu vasculhava as coisas dele. Foi um período muito conturbado. Nós brigávamos todos os dias, em qualquer lugar, minha vontade era pular no pescoço dele. Hoje ele está vivendo com outra mulher e não sei o que fazer, parece uma obsessão. Continuo procurando por ele, implorando para voltar e faço escândalos na portaria do prédio deles, não consigo me controlar. Sinto muita raiva, e minha cabeça vive acelerada, me bato, me machuco, me arranho, vivo pensando em suicídio. Como esquecê-lo e preencher esse vazio, doutora? Eu não me conformo!

Quanto aos transtornos de ansiedade (TAG,[5] TOC,[6] pânico, fobias etc.), é de se esperar que uma personalidade border apresente diversos sintomas relacionados a eles. Emoções, sentimentos e afetos sempre *mexem* com qualquer ser humano, sejam bons, sejam ruins. É natural ficarmos levemente eufóricos quando nos apaixonamos; tristes com o fim de um relacionamento amoroso; ansiosos no início de um novo desafio; taquicardíacos nos momentos que antecedem uma apresentação para um grande público; insones na véspera de uma prova decisiva; obsessivos frente à possibilidade de uma doença grave. Todas essas modulações emocionais se traduzem em graus variados de ansiedade e angústia, e são normais e necessárias em determinadas circunstâncias de nossas vidas. Porém, quando essas sensações, independentemente dos acontecimentos, passam a fazer parte do nosso cotidiano, adoecemos dos chamados transtornos de ansiedade.

Os borders apresentam hiperatividade emocional, ou seja, é *muito* sentimento e emoção *sempre*! Borders não ficam ansiosos ou angustiados, eles já são assim normalmente. Dizer que uma personalidade border é ansiosa chega a ser uma redundância. Parodiando a frase publicitária: "Borders são ansiosos porque sentem mais, ou sentem mais porque são ansiosos?" Não importa a ordem das palavras, a verdade é que todo border traz

---

[5] Transtorno de ansiedade generalizada, caracterizado por ansiedade persistente e constante, sem motivo específico – um dos temas abordados no livro *Mentes ansiosas: o medo e a ansiedade nossos de cada dia*, 2ª edição, de Ana Beatriz Barbosa Silva.

[6] Transtorno obsessivo-compulsivo, popularmente conhecido como "manias". Caracteriza-se por pensamentos intrusivos e repetitivos, de natureza sempre ruim, cujo portador adota comportamentos repetitivos, na tentativa de anular essas ideias. Tema do livro *Mentes e manias: TOC – transtorno obsessivo-compulsivo*, de Ana Beatriz Barbosa Silva.

em si a ansiedade e a angústia vital, em doses generosamente exacerbadas.

Outro fator que não se pode deixar de considerar ao se deparar com uma personalidade borderline diz respeito ao estresse pós-traumático. Qualquer pessoa tende a vivenciar uma situação traumática (sequestro, perda de um ente querido, abuso sexual, catástrofes naturais) com níveis de ansiedade mais elevados, que podem incluir estados de desconexão ou certo grau de anestesiação da realidade. São as situações que os leigos costumam chamar de "estado de choque", nas quais as pessoas parecem estar fora da realidade sem, contudo, perder a consciência. Nesses casos, costuma-se observar reações estranhas em relação aos fatos ocorridos. Pessoas nesse estado falam coisas desconexas e comportam-se de forma paradoxal, como se não estivessem de fato vivendo aquela situação. A impressão que temos é que elas estão "sonhando acordadas", em meio a um "pesadelo real".

No entanto, como já dito, as pessoas com personalidade borderline costumam lidar muito mal com qualquer tipo de adversidade, sobretudo as que envolvem rejeição, desaprovação e/ou abandono, mesmo as imaginadas ou erroneamente percebidas. Dessa forma, é fácil imaginar que os borders, quando se deparam com situações traumáticas, desencadeiam uma reação de estresse mais intensa e abrangente que o esperado. Eles apresentam quadros clínicos de estresse pós-traumático em décima potência; além disso, essas reações podem ocorrer em ocasiões nas quais os acontecimentos não foram tão expressivos a ponto de serem considerados traumas de fato. Mas não podemos esquecer que uma pessoa border vive sempre no limite, na borda do copo cheio d'água, que a qualquer estímulo pode transbordar.

Mesmo não tendo convivido diretamente com uma pessoa borderline, é provável que já tenhamos nos deparado com alguém com esse tipo de personalidade e, possivelmente, não tenhamos nos dado conta disso. Segundo a Associação de Psiquiatria Americana (APA) e a Organização Mundial da Saúde (OMS), estima-se que cerca de 2% da população mundial tenham essa forma de ser, pensar e agir. Somente no Brasil, isso corresponderia a mais de 4 milhões de pessoas, considerando as últimas pesquisas do Instituto Brasileiro de Geografia e Estatística (IBGE), realizadas em 2010. Desse total, 75% são mulheres, numa proporção de 3:1; ou seja, três mulheres para cada homem acometido.[7]

Quando analisamos o universo de pessoas que buscam tratamento psicológico ou psiquiátrico para algum sintoma disfuncional, verificamos que a cada cem pacientes ambulatoriais dez possuem personalidade borderline (10%, portanto), e a cada dez pacientes internados dois apresentam esse tipo de personalidade (20%). Esses dados são fornecidos tanto pela APA quanto pela OMS.

Agora que identificamos as diversas "camuflagens" sob as quais a personalidade borderline pode se esconder, vamos nos encontrar na análise e no detalhamento do funcionamento mental desse universo tão complexo quanto instigante.

---

7 Em função dessa desproporção, os casos descritos neste livro têm, preferencialmente, mulheres como protagonistas. É interessante observar também que essa proporção de 3:1 é oposta ao transtorno de personalidade psicopática, na qual os homens constituem a maioria.

Os borderlines apresentam-se muito instáveis, sentem-se sempre incompletos ou em constante conflito consigo mesmos.

2
BORDERLINE: UMA VISÃO MAIS DETALHADA

Certa vez, uma paciente border me fez o seguinte relato: "Eu me sinto constantemente em uma corda bamba, como se a qualquer momento pudesse perder o equilíbrio e cair para um lado ou para o outro. Estou sempre a um passo de perder o controle". Confesso que as palavras de Leka me causaram impacto, nem tanto pelo texto em si, mas pela súbita lucidez com a qual ela se descreveu.

A carga emocional colocada em cada palavra me soou como a cena de um filme, na qual a atriz recita seu texto com precisão e interpretação exatas. Porém, naquele momento, não era uma "cena", e sim a vida real. Leka de fato começava a se dar conta do seu jeito tempestuoso. Estava ali, na minha frente, uma mulher ainda tão jovem, de 20 anos, em seu limite emocional, expondo toda a sua instabilidade afetiva, baixíssima autoestima e impulsividade descabida. Para que minhas palavras fiquem mais claras e didáticas, contarei de forma mais detalhada a história dela:

> Leka chegou ao meu consultório aos 17 anos, depois do término de seu primeiro namoro. Na época, foi trazida pelos pais por ter "tentado se matar", ingerindo uma cartela de calmantes que havia conseguido com uma amiga. Hoje, com 20 anos, ela é bonita, inteligente, criativa, curiosa... Estuda Jornalismo, após ter iniciado, sem conclusão, Artes Cênicas e Letras.
>
> Adorava homens ciumentos, beber e namorar, "exatamente nessa ordem", como gostava de dizer. Leka já havia namorado desde andarilho de trilhas alternativas até filho de governador. Seus rela-

cionamentos eram sempre muito intensos e sofridos. Apresentava grande facilidade de fazer novas amizades, mas nunca conseguia mantê-las por muito tempo. Escrevia bem e adorava poesia. Quando ia à praia, usava um biquíni grande, para esconder as queimaduras de cigarro e cortes autoinfligidos em momentos de profunda tristeza ou de raiva intensa por si mesma. Costumava se queixar de uma sensação sufocante de vazio e, muitas vezes, tinha dificuldade de terminar o que começava, pois perdia o interesse por suas próprias coisas. Sempre foi muito influenciável pela opinião alheia, a ponto de adquirir as "manias" e os estilos das pessoas com as quais convivia: ora roqueira, ora "riponga", ora pagodeira...

Quando seus relacionamentos afetivos terminavam, Leka perdia o controle, ameaçava se matar e ligava várias vezes para os ex-namorados, sendo que um deles a agredia constantemente. Uma vez dormiu na rua, esperando esse namorado aparecer na portaria do prédio. Nessa mesma época, perdeu o emprego, pois passava o dia inteiro ao telefone na tentativa de controlar a vida de seu então namorado Alex. Além disso, faltava ao trabalho quando brigava com ele na véspera, pois não conseguia dormir e pela manhã não tinha forças para sair da cama. O problema era que quase todos os dias Leka e Alex brigavam, então todas as manhãs eram véspera. Com apenas 20 anos, Leka já tinha em seu currículo afetivo e profissional uma lista considerável de opções, todas com inícios maravilhosos e intensos, duração curta e finais traumáticos e depressivos.

No caso de Leka, podemos ver a característica essencial do transtorno de personalidade borderline: um padrão comportamental marcado pela *instabilidade* nos relacionamentos interpessoais, na autoimagem e nos afetos. Pode-se identificar na personalidade border também uma acentuada impulsividade, que se inicia na adolescência ou começo da fase adulta e persiste, com frequência e intensidade diversas, por tempo indefinido. Na história de Leka, todo o seu descontrole e impulsividade foram desencadeados pelo início de sua vida afetiva (primeiro namorado). De fato, o primeiro envolvimento amoroso costuma ser um divisor de águas no comportamento das personalidades borderlines. Um aspecto interessante na história de Leka é a forma como sua impulsividade se manifesta. Ela tende a "implodir", descarregando toda a frustração, a angústia, a raiva e o descontrole em si mesma, e não em seu objeto afetivo, no caso mais evidente, o namorado Alex. Ela era capaz de suportar agressões, maus-tratos e ausências dele; no entanto, toda essa carga emocional se voltava contra ela mesma, na forma de queimaduras, cortes, tentativas de suicídio, perdas profissionais e riscos na busca desesperada de manter o objeto afetivo sob controle.

As relações amorosas dos borders são marcadas pela intensidade, dramatização e dependência afetiva. Em função disso, muitas pessoas com essa personalidade acabam sendo vítimas passivas (borders implosivas) de parceiros agressivos, manipuladores e até perversos.

Em relação à sua própria identidade, os borderlines apresentam-se muito instáveis, sentem-se sempre incompletos ou em constante conflito consigo mesmos. Por essa razão, vivem uma busca desesperada para encaixar-se em algum tipo de estereótipo, como roqueiros, "ripongas" ou pagodeiros. A volatilidade que marca a autoimagem dessas pessoas faz com que elas sejam facilmente influenciáveis pelo ambiente e os outros ao redor. Em um contexto social, costumam ser denominadas de "maria vai com as outras", tamanhas são suas incertezas e indecisões frente ao que diz respeito às próprias vidas.

Outro fator que evidencia o grave conflito de identidade desses indivíduos é a tendência que muitos apresentam em "adquirir" comportamentos, manias ou características físicas de pessoas com as quais convivem de forma mais estreita. A frouxidão de suas identidades afeta, desfavoravelmente, seus objetivos pessoais e profissionais, pois tendem a acompanhar suas instabilidades afetivas e de autoimagem. A impulsividade, manifestada na busca desesperada de vigiar e controlar a vida de seus parceiros, também contribui para que tais personalidades tenham suas vidas profissionais bastante flutuantes. Esse aspecto fica evidente na história de Leka, que, em apenas três anos – entre os 17 e 20 anos –, já estava cursando a terceira faculdade.

Além disso, existe uma espécie de *dégradé* dentro do conceito do transtorno borderline. Como uma cor que apresenta diversas tonalidades e mantém sua essência pigmentar (exemplo: rosa, rosa-bebê, rosa-choque), alguns borders podem ter as mesmas características que determinam o diagnóstico e, no entanto, manifestá-las de forma aparentemente oposta. Não deixam de ser borders, porém com "vestimentas" diferentes. Conheça a história de Isadora, uma border em essência tal qual Leka, mas com uma roupagem bem diversa:

> Isadora, uma jovem de 29 anos, recepcionista de uma boate carioca, sedutora, popular e manipuladora, se vangloria de conseguir tudo o que quer e ser uma autêntica destruidora de incontáveis corações. Não passa uma noite sem cheirar cocaína e bater ponto no boteco da esquina. Adora experimentar coisas e pessoas novas. Já transou com muitas pessoas dos mais diversos gêneros e orientações sexuais. Para ela, qualquer prazer é válido, basta pintar tesão na hora. Descola dinheiro fácil, utilizando seus dotes físicos e sua arte de seduzir. Não consegue ficar mais do que dois meses em um emprego e seus contratos de aluguel não duram muito mais que isso.

Com apenas 6 meses de vida, Isadora foi jogada do berço pela mãe em um de seus ataques de fúria. Naquela época, Isadora sofreu um traumatismo cranioencefálico (TCE), que a deixou hospitalizada por alguns dias. Na pré-adolescência, foi estuprada pelo tio materno. Aos 8 anos experimentou cerveja; aos 13, maconha; aos 14, cocaína; aos 15, ecstasy e cogumelo; aos 18, crack. Hoje, aos 29, não se considera viciada; diz que consome drogas ocasionalmente, mesmo que seja quase todos os dias. Arranja desculpas mirabolantes para justificar todas as gafes, os vacilos e as irresponsabilidades que comete, e seus problemas são sempre provocados pelos outros e nunca por ela mesma.

Apesar dos maus-tratos na infância, Isadora é extremamente apegada à mãe, ao melhor amigo e ao chefe da "boca". Tem diversos admiradores e sempre dá um jeitinho para que eles façam tudo o que ela quer. Adora utilizar a seguinte frase: "Tudo em nome de nossa grande amizade". Mesmo sem grana, sempre arranja uma droguinha, um cantinho para repousar e alguma coisa para comer. Sobre seus acessos de raiva, quando quebra tudo o que vê pela frente, Isadora tem sempre uma explicação: "Eu sou da paz, mas quando sou traída fico furiosa e não consigo me controlar". Os poucos namorados que tentaram levá-la a sério tiveram suas vidas transformadas em um ringue de brigas e escândalos, e foram nocauteados com furos homéricos em suas contas bancárias. Sobre isso ela desdenha: "É uma forma indireta de se distribuir a renda do país".

Como visto, Isadora tem a mesma personalidade border de Leka; no entanto, a forma como apresenta as características básicas desse transtorno é bem diferente. Isadora é uma border "carregada nas tintas", seus tons são bem mais intensos, manifestados por uma impulsividade extremamente explosiva; ela é nitroglicerina pura! A essência de suas disfuncionalidades e o foco central de todos os seus problemas são seu mundo afetivo, que, cá entre nós, é instável e problemático.

Isadora tem um ímã que atrai pessoas especialmente complicadas; com isso, seus relacionamentos são passionais e envoltos em confusões, desentendimentos, bate-bocas e quebra-quebras. É extremamente instável emocionalmente, seu humor é de "lua" e tende a vícios diversos, incluindo pessoas e várias substâncias químicas. Ela abusa das mentiras e de dramas para manipular quem possa lhe oferecer diversão, prazer, casa, comida e roupa lavada. Quando não consegue imediatamente o que deseja, torna-se agressiva e arquiteta vinganças contra seus frustradores infiéis. Apresenta comportamento autodestrutivo, marcado pela promiscuidade sexual e pelo excesso de drogas.

Isadora dificilmente conseguirá ter uma vida profissional estável. Sua vida doméstica também é, e tende a permanecer, um caos. O temperamento explosivo acaba afastando os amigos, com os quais poderia dividir uma moradia, e repele as pessoas que tentam, em vão, estabelecer com ela uma vida afetiva verdadeira. Embora seja adulta, ela ainda não demonstra qualquer autocrítica consistente. Tudo de errado que faz tem sempre uma justificativa pronta e simples na ponta da língua: "As pessoas adoram me provocar e eu não levo desaforo pra casa. Fico furiosa".

Isadora desconhece senso crítico, vontade e determinação para mudar seu padrão afetivo e controlar sua impulsividade. Se essa realidade persistir, em pouco tempo ela vai começar a amargar a solidão e o abandono reais, destino típico das pessoas que não sabem valorizar e cuidar de si mesmas e de seus afetos.

É importante ressaltar que as pessoas borders impulsivas do tipo explosivo, como Isadora, costumam descender de famílias desajustadas e, às vezes por isso, apresentam passagens conturbadas em suas histórias pregressas. Também é necessário destacar que esse fator não é determinante para que uma pessoa desenvolva a personalidade borderline, pois outras questões relevantes, como a *genética*, são essenciais para a formação desse transtorno.

Mais adiante, em capítulo específico, será abordado como uma mãe border pode influenciar na educação e na formação de seus filhos. Mães borders também se apresentam em diversas nuances, e a forma como irão exercer suas disfuncionalidades na relação afetiva com seus filhos será decisiva na construção da identidade de cada um deles. No caso de uma criança apresentar um dos pais borders, não se pode esquecer que ela está sujeita a uma dupla influência na formação de sua personalidade. Nesses casos, os fatores familiares/educacionais e genéticos se misturam e se potencializam em uma complexidade maior.

Borderlines e suas disfunções

Agora que o funcionamento essencial do transtorno de personalidade borderline já foi exemplificado e definido, irei detalhar as disfuncionalidades de forma mais didática. Assim, optei por dividi-las em quatro aspectos: emocional, cognitivo, comportamental e pessoal.

1. Disfunção emocional

A disfunção emocional é a condição *sine qua non* dessa personalidade e pode ser identificada pelas seguintes características:

- *Hiperatividade emocional.* Essa característica é responsável pelo excesso de sensibilidade que essas pessoas apresentam, especialmente aos estímulos emocionais negativos. Elas costumam lidar muito mal com críticas e, não raro, tais situações podem gerar acessos de fúria quase sempre incontroláveis. Essas crises são desproporcionais ao tipo ou tamanho da crítica; pequenas observações "desfavoráveis" podem ser suficientes para desencadear o processo. Os borders de fato apresentam uma ativação emocional muito elevada, vivem no limite da hemorragia emocional e, com frequência, sangram em forma de acessos de raiva ou fúria.

- *Emoções dúbias e conflitantes.* Essa característica pode ser resumida pela seguinte frase: "Borders não gostam simplesmente: ou amam ou odeiam". Essa instabilidade do afeto costuma ser mais intensa e explícita com pessoas com as quais os borders mantêm uma relação mais íntima. A vida conjugal com um border pode ser extremamente desgastante: em um dado momento, ele se apega e faz juras de amor eterno a alguém; no outro, de forma inesperada, é capaz de ofendê-lo e até desprezá-lo.

- *Instabilidade afetiva.* Esse talvez seja o sintoma mais visível da personalidade borderline. Quem de nós já não ouviu as seguintes expressões em relação a um colega, amigo ou parente: "fulano é de lua, nunca se sabe como ele vai estar" ou "conviver com fulano é viver pisando em ovos". A instabilidade afetiva desses indivíduos deriva da hiper-reatividade que apresentam em seu estado de humor. Seus acessos de raiva e/ou fúria os remetem a um estado de intensa agitação física e psíquica e são sempre desencadeados por sentimentos de rejeição, abandono ou frustração.

Em função disso, os borders costumam se sentir exaustos e deprimidos logo após o cessar dos ataques.

- *Humor e equilíbrio emocional em constante oscilação.* A hiper-reatividade torna o humor dos borders algo absolutamente flutuante. Uma mínima coisa ou uma palavra mal-empregada é capaz de tirá-las do sério de verdade. Seu humor costuma oscilar de forma mais rápida e abrupta do que em outros transtornos mentais, como o transtorno bipolar, por exemplo. Se o humor estável é fundamental para mantermos o mínimo de equilíbrio emocional, é fácil entender por que essa estabilidade é quase um "sonho de consumo", que precisa ser batalhado diariamente por elas.

- *Ira intensa e inapropriada.* Essa reação é desencadeada por frustrações ou decepções. O descontrole emocional nessas horas pode surpreender as pessoas ao redor. A ira pode se apresentar na forma de gritos, ofensas e até em tentativas de suicídio.

- *Agitação física.* Durante a perda de controle que ocorre nos acessos de fúria, os borders apresentam agitação física que é exteriorizada de forma bastante contundente, com frequentes agressões físicas a terceiros, destruição e quebra de objetos e autoflagelo (eles se batem, se perfuram com objetos pontiagudos, se cortam, se queimam).

- *Sentimento de vazio ou tédio.* Como esses indivíduos estão constantemente vivendo no limite máximo de suas emoções, quando suas mentes não estão envolvidas nessas fortes tempestades, eles tendem a experimentar uma sensação de que a vida não tem graça, é tediosa ou um grande vazio. Um exemplo desse vazio existencial, típico de um border, pode ser observado nos versos imortais de Álvaro de Campos, um dos heterônimos mais conhecidos do poeta português Fernando Pessoa:

(...)
Não sei sentir, não sei ser humano, conviver
De dentro da alma triste com os homens meus irmãos na
[terra.
Não sei ser útil mesmo sentindo, ser prático, ser quotidiano,
[nítido,
Ter um lugar na vida, ter um destino, entre os homens,
Ter uma obra, uma força, uma vontade, uma horta
Uma razão para descansar, uma necessidade de me distrair,
Uma cousa vinda directamente da natureza para mim...

Passagem das horas

Sentir tudo de todas as maneiras,
Viver tudo de todos os lados,
Ser a mesma coisa de todos os modos possíveis ao mesmo tempo,
(...)

(sem título)

Alguns pacientes chegam a afirmar que nesse momento eles experimentam a morte em vida, pois é como se não existissem. Esses sentimentos, quando intensos e frequentes, criam um terreno extremamente propício para que os borders se envolvam em situações de risco e utilizem vários tipos de drogas.

- *Sentimento de ódio, ira e vergonha em relação a si mesmo.* Esses sentimentos de constrangimento e até autorrepulsa costumam ocorrer depois dos acessos de fúria. Em geral, essas pessoas são tomadas por um forte sentimento de culpa e remorso nessas ocasiões, que contribui para o rebaixamento de sua autoestima. Essa percepção é fundamental para que os borders se conscientizem de suas disfunções emocionais e impulsivas, e se disponham a buscar ajuda especializada. Somente dessa forma é possível que uma pessoa border vislumbre um futuro com o mínimo de equilíbrio afetivo, profissional e pessoal.

2. Disfunção cognitiva

A disfunção cognitiva da personalidade borderline costuma ser expressa por pensamentos paranoides e desorganizados. Essa desorganização dos pensamentos chega a tal ponto que o paciente pode apresentar um quadro de desassociação, ou seja, um estado em que os pensamentos, os sentimentos e as lembranças mostram-se desconexos com a realidade ao redor. Nessa situação, costumamos ouvir que "a pessoa está fora do ar" ou "ela está em estado de choque".

A disfunção cognitiva da personalidade borderline pode ser identificada pelas seguintes características:

- *Incapacidade de manter os pensamentos estáveis.* Os borders mudam de ideia o tempo todo, o que gera um desconfortável estado de indecisão.

- *Dificuldade de aprender com as experiências passadas.* Isso fica bem perceptível quando observamos as pessoas com as quais os borders costumam se relacionar. Eles tendem a reatar namoros ou casamentos com parceiros cujas relações já foram desastrosas, ou estabelecer novos vínculos afetivos com outros que apresentam perfil muito semelhante, ainda que isso signifique sofrer imensamente outra vez.

- *Autoimagem instável e com características extremas.* Às vezes os borders se acham "o máximo" e, de repente, se julgam "um nada", "um zé-ninguém", sentindo-se incapazes de realizar qualquer coisa. As formas como veem a si mesmos são extremadas, inseguras e voláteis, sem muita percepção de quem são realmente e como se apresentam. Essa falta de identidade e autoimagem inconsistente está exemplificada nos versos de Álvaro de Campos:

(...)
Nem nunca, propriamente reparei,
Se na verdade sinto o que sinto. Eu
Serei tal qual pareço em mim? serei

Tal qual me julgo verdadeiramente?
Mesmo ante às sensações sou um pouco ateu,
Nem sei bem se sou eu quem em mim sente.
Três sonetos

- *Sentimentos crônicos de vazio.*

- *Pensamentos antecipados de abandono.* Borders costumam ruminar incessantemente sobre a possibilidade de uma possível separação. Elas se esforçam, de forma vigorosa, a fim de evitar o abandono e, com isso, exigem afeto e amor continuadamente. Tal característica costuma gerar alterações profundas na autoimagem, sentimentos depressivos ou hostis, ansiedade e angústia.

- *Temor excessivo de sofrer rejeição.* Os borders são extremamente inseguros, mesmo que não exteriorizem isso. Em função desse medo exacerbado, tendem a distorcer o conteúdo dos diálogos e a interpretar determinadas falas como rejeição. E isso é algo que os borders não toleram.

- *Seus objetivos e valores acompanham suas instabilidades emocionais e afetivas.* Como exemplo, posso citar o fato de muitos borders conseguirem ter bons desempenhos profissionais e realizações pessoais quando julgam que suas relações interpessoais estão estáveis. Mas em outra situação podem ficar facilmente entediados, procrastinar seus projetos ou, até mesmo, desistir do que se propunham a fazer.

- *Não suportam ficar sozinhos.* Os borders necessitam o tempo todo de parceiros amorosos para se sentirem completos. O temor à solidão é tão intenso nesses indivíduos que são incapazes de ficar sozinhos consigo mesmos. Eles exigem afeto, amor e apoio de maneira constante, a ponto de se tornarem excessivamente insistentes. Os borders relacionam, de maneira disfuncional, a solidão com o fato de não serem amados ou devidamente assistidos por seus parceiros.

- *Dificuldade de concentração.* Provocada pelo turbilhão de emoções que povoam suas mentes.

- *Seus pensamentos tendem a seguir um padrão rígido, inflexível e impulsivo.*

- *Pensamentos envoltos em autorreprovações e autocríticas.* Os pensamentos envolvendo castigos a si mesmos também são frequentes.

- *Baixa tolerância à frustração.* Como os borders vivem em turbulência emocional, eles pensam de forma extremamente passional e pouco racional. Existe uma desproporção enorme entre a razão e a emoção desses indivíduos. Dessa forma, eles apresentam pouquíssima habilidade racional para elaborar perdas ou frustrações.

- *Ideias paranoides transitórias; despersonalização, perda do senso de realidade ou sintomas dissociativos.* Esses sintomas disfuncionais na maneira de pensar (cognitiva) costumam ocorrer durante situações de estresse agudo ou prolongado. Os borders podem apresentar delírios (ou ideias deliroides/paranoides) de que estão sendo perseguidos, de que há um complô contra eles ou, ainda, de que existem pessoas em diversos ambientes falando mal deles.

  Já na despersonalização ou nos sintomas dissociativos, observa-se uma desconfortável sensação de que a pessoa não é mais ela mesma. Muitas descrevem isso como uma espécie de "incorporação mental", ou seja, de que outra pessoa teria se apossado de suas mentes por um período (que em geral é curto), obrigando-as a conviver com ideias, pensamentos e emoções que lhes são estranhas e incômodas.

- *Aborrecimentos frequentes.* O pensamento imediatista e a pouca racionalidade dos borders fazem com que qualquer coisa não relacionada aos seus desejos e às suas emoções do momento seja vista como um aborrecimento e um entrave a frustrá-los.

3. Disfunção comportamental

As disfuncionalidades relacionadas à maneira de agir das personalidades borderline podem ser identificadas pelas seguintes características

- *Necessidade de controle externo.* Em função do caos emocional que vivenciam em seu interior, os borders tentam se equilibrar exercendo controle tanto sobre as pessoas que lhes são importantes quanto do ambiente ao redor. É claro que essa "fiscalização", além de não trazer paz emocional, costuma desgastá-los a tal ponto que os coloca em permanente estado de alerta. Isso resulta em níveis elevados de ansiedade, estresse, hiper-reatividade, explosões, acessos de raiva, ira etc.

  Para exercerem esses controles, os borders se valem de muita rigidez e inflexibilidade no trato com as pessoas de seu convívio mais íntimo, com tendências a culpá-las quando as coisas não acontecem do jeito que eles gostariam.

  A disfuncionalidade comportamental é caracterizada pela dificuldade dos borders em adequar suas reações, que são, na maioria das vezes, extremadas e destrutivas. Dentre elas estão o uso de drogas; a promiscuidade; a compulsão por compras, comida ou jogos; a prática de direção arriscada etc.

- *Padrões de aparência oscilante.* Quando se trata do estilo de se vestir, os borders são uma verdadeira metamorfose ambulante. Oscilam de acordo com as circunstâncias, as amizades ou os envolvimentos amorosos.

- *Níveis de energia física incomuns, que se manifestam em explosões inesperadas de impulsividade.* Nestas ocasiões os borders adquirem uma força que lembra a história de O incrível Hulk. Às vezes, são necessárias várias pessoas para contê-los.

- *Brigas e conflitos frequentes.* É comum que os borders estejam sempre arranjando confusões em lojas ou restaurantes, nas ruas etc. Essas situações costumam gerar muitos constrangimentos para seus acompanhantes: amigos, familiares ou parceiros afetivos.

- *Comportamento recorrente de automutilação ou tentativas de suicídio.* Como exemplo, cito o filme Garota, interrompida (1999), estrelado pela atriz Winona Ryder. Baseado no livro autobiográfico de Susanna Kaysen e ambientado no fim dos anos 1960, ele narra o período em que a escritora esteve internada em um hospital psiquiátrico.
    Filha de pais ricos, a jovem era rebelde, insubordinada; sentia-se inadequada, ambivalente e com dificuldades de socialização. Teve vários parceiros sexuais e desde muito cedo pensava frequentemente na própria morte. Em situações de estresse, angústia e sofrimento, era comum provocar lesões em si mesma. Aos 18 anos, em uma das tentativas de suicídio, feriu o próprio pulso, ingeriu um litro de vodca e vários comprimidos de aspirina. Questionada pelo

médico, alegou estar com muita dor de cabeça e tentar parar "os saltos no tempo, a depressão, a dor e o fato de não sentir o osso da própria mão".

Susanna foi diagnosticada com transtorno de personalidade borderline e internada por dois anos, período durante o qual conheceu meninas com vários transtornos psiquiátricos, se identificou e se apaixonou por uma psicopata, tentou fugas e presenciou o suicídio de uma colega. Sobre esse episódio, a jovem disse que "sabia como era querer morrer; você tenta se ajustar e não consegue, você se fere por fora tentando matar o que se tem por dentro".

- *Relações interpessoais intensas e caóticas.* Outro exemplo de filme com uma personagem tipicamente borderline é *Vicky Cristina Barcelona* (2008), de Woody Allen. O filme conta a história de duas amigas norte-americanas, Vicky e Cristina, que passam férias na Espanha. Cristina (Scarlett Johansson) se envolve com Juan Antonio (Javier Bardem), um pintor carismático e sedutor, e vai morar com ele. O que ela não sabe é que Juan está separado de Maria Helena (Penélope Cruz), uma fotógrafa e pintora talentosa, belíssima, porém passional, temperamental, de comportamento violento e autodestrutivo. Após uma das tentativas de suicídio de Maria Helena, Juan a leva de volta para casa. Os três passam a dividir o mesmo teto e, assim, acabam formando um triângulo amoroso. Extremamente ciumenta, Maria Helena sempre teve um relacionamento conturbado com Juan, regado a brigas, escândalos e até tentativas dela de matá-lo. No entanto, ela não consegue viver sem ele, já que Juan é sua conexão com a vida real, é a razão de sua existência. De forma surpreendente, Cristina passa a ser o ponto de equilíbrio, o ingrediente que faltava para que o casamento tivesse uma harmonia. Mas, quando Cristina resolve ir embora, Maria Helena não aceita a separação, tem um ataque de fúria e a vida amorosa dela com Juan volta a ser complicada e destrutiva.

- *Dependência excessiva dos outros.*

- *Dificuldades no trato interpessoal.* Muitos borders conseguem manter e conservar relações interpessoais, desde que estejam em nível superficial. Se houver um convívio mais frequente e intenso, os conflitos logo aparecem com graus de intensidade e frequência variáveis.

- *Tendência ao isolamento.* Após um ataque de fúria ou de frustações afetivas e emocionais, como términos de relacionamentos ou problemas profissionais, os borders podem ficar alguns dias trancafiados em seus quartos ou mesmo sem sair de casa por um período considerável.

- *Comportamentos frequentes para proteger-se de possíveis separações afetivas.* Em *Mulheres à beira de um ataque de nervos* (1988), de Pedro Almodóvar, a atriz Carmem Maura vive o papel de Pepa, uma mulher impulsiva, exagerada, instável e passional. Depois que seu amante Ivan (Fernando Guillén) termina o relacionamento deixando um recado na secretária eletrônica, Pepa, inconformada, tenta encontrá-lo, de forma obsessiva e descontrolada, para que ele lhe dê explicações. Dentre muitas confusões, dramas e comédias, ela queima a cama do casal, joga a mala de Ivan no lixo, prepara um gaspacho com muitos calmantes para dopá-lo e, apesar de tudo, consegue salvá-lo da ex-mulher que tenta matá-lo.

- *Chantagens emocionais constantes e atos de irresponsabilidade.*

- *Comportamento paradoxal em suas relações interpessoais.* Apesar de os borders buscarem a atenção e o afeto das pessoas, o fazem, na maioria das vezes, de modo inábil, manipulador e conflituoso, o que suscita a rejeição que tanto temem.

4. Disfunção pessoal

Por fim, descrevo a disfuncionalidade pessoal que acomete a personalidade borderline. Sobre esse aspecto, destaco a inabilidade dos borders em ter percepção de si mesmos. Eles sentem como se tivessem várias personalidades ao mesmo tempo, têm crises de identidade frequentes, e apresentam dificuldade para entender os próprios sentimentos e vontades. Os borders se descrevem como "estranhos no próprio ninho" e, em função disso, acabam por ser facilmente influenciados por opiniões e comportamentos alheios. As características mais comuns são:

- *Sensação de vazio e de solidão.*

- *Frequente comparação a outros, com uma visão autodepreciativa.*

- *Dificuldade em expressar suas necessidades e seus sentimentos.*

- *Facilidade em serem influenciados e manipulados, assim como tendência a manipular as pessoas ao redor para ter controle externo das situações.*

- *Estilo de se vestir variável e instável, como seus afetos. Como as fases lunares, os borders tendem a apresentar fases estéticas diversas e sem muita relação com a moda vigente. Trata-se, antes de tudo, do estilo border "de ser e se ver".*

***

Agora que todos os aspectos que envolvem o transtorno de personalidade borderline foram dissecados, temos que ser cautelosos com possíveis avaliações leigas, que tendem a rotular as pessoas sem a consulta de um profissional especializado nos diversos transtornos do comportamento humano e, em especial, nos transtornos de personalidade.

Não podemos, de forma alguma, incorrer no equívoco de "diagnosticar" todas as pessoas que apresentam algumas das características aqui descritas em detalhes. O que caracteriza, de fato, o transtorno de personalidade borderline é a presença de um conjunto bem-delineado de sintomas e o padrão de frequência, intensidade e temporalidade com que eles estão presentes no cotidiano desses indivíduos. *Ser* border é muito mais do que *parecer* border. Também não podemos esquecer que muitas características dessa personalidade, tão complexa, são difíceis de serem identificadas e, principalmente, de serem diferenciadas de outros transtornos mentais, como exposto anteriormente. Entre eles estão a depressão, o transtorno bipolar, a ciclotimia, o TDAH, os transtornos de ansiedade (incluindo aqui o estresse pós-traumático), o transtorno de personalidade psicopática ou antissocial, entre outros. Em alguns casos, a diferenciação pode se mostrar ainda mais difícil, uma vez que alguns transtornos podem estar associados à personalidade borderline (comorbidade).

O diagnóstico preciso de borderline requer grande experiência com esse tipo de personalidade, além de muita atenção e dedicação do psiquiatra para "ver" o que os borders escondem, inclusive deles mesmos. A colaboração de familiares e pessoas de seu rol afetivo, que queiram de fato ajudar, também é imprescindível nessa empreitada tão difícil quanto desafiadora.

Além disso, é importante frisar que, para realizar o diagnóstico do transtorno de personalidade borderline, o psiquiatra conta com o manual de transtornos mentais, uma espécie de bíblia da psiquiatria, desenvolvido pela Associação de Psiquiatria Americana (APA) e no qual os critérios para a identificação do borderline estão relacionados.

De forma concisa, exponho a seguir esses critérios diagnósticos. Destaco ainda ser necessária a presença de, no mínimo, cinco das características descritas por um período de pelo menos um ano (em contextos sociais diferentes) para que o diagnóstico possa ser estabelecido de fato:

1. Impulsividade potencialmente perigosa em pelo menos duas áreas (como gastos excessivos, promiscuidade, direção perigosa, abuso de drogas, compulsão alimentar etc.).

2. Ira inapropriada e intensa ou dificuldade para controlá-la.

3. Instabilidade afetiva devido a uma grande reatividade do estado de humor.

4. Ideias paranoides transitórias relacionadas a estresse ou sintomas dissociativos graves.

5. Alteração de identidade: instabilidade acentuada e resistente da autoimagem ou do sentimento do *self*.

6. Um padrão de relações interpessoais instáveis e intensas.

7. Esforços frenéticos para evitar um abandono real ou imaginário.

8. Ameaças, gestos ou comportamentos suicidas recorrentes ou comportamentos de automutilação: 90% dos borderlines irão cometer uma ou algumas tentativas de suicídio e, infelizmente, 10% dessas culminarão em óbito.

9. Sentimentos crônicos de vazio.

Existem ainda os chamados borders atípicos, ou seja, aqueles que apresentam algumas características do funcionamento border, mas são insuficientes para preencher todos os critérios necessários para o diagnóstico preciso. Sobre esse aspecto, não podemos esquecer que existe um *dégradé* dentro do conceito de personalidade borderline, e essa graduação ou *espectrum* abrange quadros comportamentais que vão desde um simples "traço" border, com a presença de algumas características, até o border típico. Este último é mais fácil de ser identificado, em função da quantidade e intensidade de características presentes em determinada pessoa.

Para se ter uma ideia prática da complexidade que envolve o diagnóstico de uma personalidade borderline, é bastante comum atender em minha clínica pacientes que levaram, em média, dez anos até receber o diagnóstico correto. Isto é, por dez anos eles foram atendidos, mas com diagnósticos equivocados. A maioria desses pacientes nem sequer possuía algum tipo de avaliação consistente que indicasse, mesmo que de forma leve, um possível diagnóstico de borderline. Uma parcela significativa desses pacientes sem avaliação adequada já havia passado por internações em função de diversos sintomas, como depressão, pânico, abuso de álcool e de outras drogas, e tentativas de suicídio. Apesar de todo esse histórico, a maior parte dessas pessoas e de seus familiares jamais ouviu falar em personalidade borderline.

A jornada rumo à identificação, ao entendimento e às possibilidades terapêuticas para essas personalidades está apenas começando. Há muito a ser estudado e descoberto, e este livro é uma pequena colaboração para o início dessa caminhada.

O vazio afetivo dos jovens borderlines é tão grande que eles vivem em um estado permanente de carência, mesmo que sejam profundamente amados e cuidados por seus familiares.

3
ADOLESCENTES BORDERLINES

Rafaela era uma criança linda, inteligente, sensível, às vezes um pouco enfezadinha, mas cuidadosa, amável e compreensiva com o sofrimento alheio. Tinha o apelido de "docinho de coco" na família e, para sua irmã mais velha – que me relatou toda a sua história –, era o "amorzinho do coração".

Aos 12 anos, Rafaela começou a mudar seu comportamento; teve o primeiro namoradinho, a turminha de amigos, e começou a sair com eles. Nessa época, começou a se tornar irritadiça, intolerante, inquieta e insone. Aos 13 anos, iniciou um namoro com Rodrigo e, para surpresa da família, Rafa se mostrou muito ciumenta e possessiva. Sua inquietação rapidamente se transformou em agressividade, dirigida especialmente ao namorado. Ela passava horas ao telefone com Rodrigo, fazia juras de amor, chorava, tinha acessos de ira e o xingava de forma ofensiva e humilhante. Esses episódios se tornaram cada vez mais frequentes e intensos. Nesse mesmo período, Rafa já estava com a sexualidade à flor da pele, ficava um tempo enorme trancada em seu quarto, transando com Rodrigo em alto e bom som pra todo mundo ouvir. Em pouco tempo, começou a beber e a fumar maconha com seu grupo de "amigos". Aos 15 anos, ela engravidou. Foi um caos dentro de casa e, sem avisar ninguém, Rafa e Rodrigo resolveram fazer um aborto. Uma semana depois, lá estavam eles novamente transando como dois coelhos. Minha mãe, desesperada, levou Rafaela a uma psicóloga, mas não adiantou nada. Ela faltava, mentia e manipulava todo mundo.

O relacionamento com Rodrigo piorou e, em seus acessos de fúria, ela também passou a agredi-lo fisicamente e às meninas que se aproximavam dele. Foi expulsa do colégio, bebia cada vez mais e fazia sexo em qualquer lugar e com qualquer pessoa. Tudo era intenso demais, estávamos chocados!

Rafaela, às vezes, dormia fora de casa; perseguia o namorado; brigava com todo mundo, até com mendigos. Quando chegava em casa sem as chaves, quase derrubava a porta a chutes. Ninguém sabia explicar de onde ela tirava tanta força! Rafa foi internada três vezes, mas nada parecia fazer efeito, os conflitos e as agressões físicas eram inesgotáveis, dentro e fora de casa. Em um de seus ataques, chegou a morder meu irmão, enfiar um lápis na panturrilha dele e ameaçou jogar uma pedra na empregada.

Aos 17 anos, ela engravidou novamente e sofreu um aborto espontâneo, decorrente dos excessos de álcool, maconha, ecstasy, ácido. Nessa época, meus pais se separaram; toda a família foi se desmontando com os descontroles e a instabilidade dela. Após o aborto, ela rompeu com Rodrigo e se envolveu com Cleison, um "aviãozinho" do morro perto de casa.

Desempregado, viciado em maconha e crack, sem pai nem mãe, Cleison já havia sido preso por assalto à mão armada, não tinha roupas, era analfabeto, não possuía os dentes da frente, fedia a distância. Apesar de tudo, ele tinha o que Rafa achava essencial: "era louco por ela", como fazia questão de dizer. Depois de três meses, decidiram morar juntos no morro, pois foram proibidos de ficar em casa. Não conseguíamos entender: como uma menina inteligente, educada em bons colégios, que recebeu todo carinho e atenção, poderia trocar tudo por uma vida degradante? Para ela, a única coisa que importava era estar com Cleison 24 horas por dia. Tentamos terapia familiar, mas parecia que falávamos uma linguagem totalmente diferente da dela. Rafa tinha uma visão distorcida da realidade e tentava nos culpar por suas escolhas, inclusive a de morar no morro. Às vezes, passava em casa só para buscar comida e trocar de roupa, e me contava coisas chocantes da imundície de onde morava, mas, mesmo assim, se sentia melhor lá. Seu aspecto era péssimo – unhas enormes e sujas, pele oleosa, cabelos desgrenhados, e não tomava banho havia dias. Mudou seu modo de vestir, falar e andar, gosto musical, tudo! Rafaela era outra pessoa.

Em total desespero, meus pais se reaproximaram de minha irmã. Mobiliaram a casa deles, compraram roupas, ofereceram emprego, pagaram tratamento dentário a Cleison e o ajudaram nos estudos. Eu sentia que Rafa tinha bom coração e que gostava de ajudar os outros, o problema era ajudar a si mesma. Após quatro anos de namoro, ela resolveu voltar pra casa, simplesmente porque desistiu de tentar mudar o namorado.

Depois disso, Rafaela iniciou novo relacionamento com seu melhor amigo, Chico. Com ajuda da família e do namorado, ela aceitou fazer um tratamento psiquiátrico, de forma regular e sistemática. Embora continuasse com a maconha, Rafaela parou de beber e retomou os estudos. Seu temperamento ainda é bastante difícil e instável, mas agora ela possui objetivos claros e tenta se controlar e se responsabilizar por suas decisões.

O relato anterior nos mostra com detalhes o que pode acontecer nas relações familiares quando uma adolescente borderline do tipo impulsiva-explosiva abre o quadro tão precocemente. Diversas características disfuncionais (emocionais, cognitivas e comportamentais) podem ser destacadas nessa adolescente, e todas se apresentam de forma bem semelhante às dos adultos. Dentre elas estão: acessos de fúria acompanhados por sensação de frustração, força física desproporcional durante esses acessos, sensação de inadequação familiar (como uma "estranha no ninho"), instabilidade emocional, hiper-reatividade, dependência afetiva, temor exagerado de ser abandonada, comportamento de risco, abuso de drogas, promiscuidade sexual, dificuldade em dar continuidade aos objetivos, prejuízos afetivos e profissionais. Também pode-se observar mudanças de ideias e valores, de aparência e hábitos; o autoflagelo (na forma de descuido físico intenso), a baixa autoestima, a sensação de vazio constante, a ansiedade e a inquietação excessivas.

A irmã de Rafaela ainda acrescentou que, desde os 12 anos, quando houve a grande ruptura em seu padrão comportamental, a família tentou manter uma relação de carinho e diálogo com ela, embora nem sempre conseguisse. Nas raras ocasiões em que aceitava conversar, Rafa argumentava de forma repetitiva: "aqui em casa, todos têm tudo, mas eu não recebo nada", "ninguém me ama, ninguém me entende nessa casa", "tenho vontade de morrer pra acabar com o sofrimento de todos vocês...".

É possível perceber também que Rafaela teve os sintomas amenizados, conforme foi entrando na fase mais adulta. Isso nos alerta para um fato extremamente relevante: a adolescência, na maioria absoluta dos casos, tem o poder de potencializar, e muito, certos tipos de sentimentos, pensamentos e comportamentos.

Durante a adolescência, algumas características destacadas no caso de Rafa podem ocorrer em qualquer jovem; no entanto, nos adolescentes borderlines essas características se apresentam com frequência e intensidade além do esperado e considerado razoável para essa fase turbulenta da vida. É comum a maioria dos adolescentes se revoltarem contra os pais, quererem sair de casa, experimentarem drogas, dirigirem de forma inconsequente, colocarem-se em situações de risco, terem alta rotatividade de relacionamentos, mudarem de acordo com o grupo em que estão inseridos. Tudo isso acontece porque eles estão em um momento de descobertas intensas da vida, da sexualidade, e de formação de identidades independentes de seus pais. Muitos passam por uma fase de experimentação, mas o que os diferencia dos adolescentes com personalidade borderline é a *motivação* que apresentam para se comportar da forma como se comportam. Os adolescentes, em sua maioria absoluta, agem de forma disfuncional, simplesmente porque são adolescentes; eles não sentem nem buscam explicar por que fazem o que fazem, limitam-se a dizer "sei lá, aconteceu...". Com os adolescentes borderlines a história é bem diferente: eles apresentam uma *motivação* para todas as suas disfunções emocionais, cognitivas, comportamentais e pessoais. Vale ressaltar que suas *motivações* podem não nos parecer legítimas ou até ser fantasiosas e exacerbadas, mas de fato é assim que eles veem, sentem e se portam frente aos conflitos ou problemas reais ou imaginários.

Apesar de os comportamentos entre os adolescentes borders e "não borders" se mostrarem semelhantes, é preciso observar o que há por trás de cada ação deles. Explico melhor: um ataque de fúria origina-se sempre de uma frustração (real ou imaginária) e é deflagrado depois de um período curto (algumas horas, um ou dois dias). Nesse momento, os adolescentes apresentam uma irritabilidade marcada e crescente, até que perdem o controle e se "derramam" em raiva e ira. Após esse acesso, geralmente eles se mostram tristes e envergonhados; no entanto, o sentimento de culpa e arrependimento (relatado ou demonstrado) tem duração curta e pouco instrutiva, pois eles serão capazes de agir da mesma maneira se um novo fator de frustração e adversidade ocorrer em sua vida.

A autoestima dos adolescentes borderlines é muito baixa. Eles se veem como jovens feios, incapazes, burros e maus. Podem, por vezes, disfarçar toda essa insegurança e se apresentar com uma postura de poderosos e bem-resolvidos, o que lhes confere certo ar de arrogância na avaliação daqueles com quem não têm um relacionamento mais estreito. No entanto, dentro de suas mentes, os seguintes pensamentos são constantes e sentidos com ansiedade e angústia: "sou uma droga, não sei como as pessoas ainda gostam de mim", "sou incapaz e sempre serei, não importa o quanto falem o contrário", "minha vontade é de desaparecer", "nunca serei feliz", "nunca serei amado de verdade", "sou uma pessoa má e mereço o sofrimento que estou passando".

A família dos adolescentes borderlines

As famílias, de forma geral, são bem diferentes entre si e por isso mesmo reagem de maneiras diversas diante de um filho borderline. Afinal, existem valores, ideais, estilos educacionais, regras e histórias que as tornam individuais. Apesar dessa diversidade, as famílias que têm em seu lar um adolescente border costumam compartilhar certos tipos de pensamentos e comportamentos.

Os pais, na maioria absoluta dos casos, não entendem o porquê das atitudes de seus filhos: os consideram rebeldes, maldosos, abusados e até mal-educados. Acham que eles são mal-agradecidos e insensíveis em relação a todos os esforços que os pais fizeram para lhes proporcionar o melhor que podiam. Em função disso, muitos acabam, paulatinamente, se distanciando dos filhos e perdem a confiança que depositaram neles, já que, frequentemente, esses filhos estão envolvidos em comportamentos hostis e atos ilícitos. Os pais não conseguem entender ou justificar, pelo menos de maneira plausível, os comportamentos mais irresponsáveis de seus filhos, como: dirigir perigosamente; ter relações sexuais de alto risco, inclusive com pessoas mais velhas que conhecem pela internet; usar drogas; ficar vagando sozinho pela noite; perseguir e tentar controlar de forma insana seus objetos afetivos, que podem ser um(a) namorado(a) ou uma paixão platônica jamais correspondida.

Você deve estar se perguntando se os comportamentos descritos também não ocorrem em adolescentes sem o transtorno de personalidade borderline. É claro que sim. Várias das atitudes explicitadas anteriormente de fato podem ocorrer em muitos adolescentes e, da mesma forma, os pais vão apresentar certo estranhamento e preocupação em relação a esses assuntos. Como disse antes, a diferença entre esses adolescentes e os adolescentes com personalidade borderline está na *motivação* que esses últimos apresentam em seu pensar e agir. Por viverem em uma avalanche mental de emoções intensas, reais ou imaginárias, eles estão em busca constante e insaciável de afeto e, neste processo, são capazes de quase tudo para chamar a atenção dos pais e dos objetos afetivos (amigos, namorados, "ficantes").

O vazio afetivo dos jovens borders é tão grande que eles vivem em um estado permanente de carência, mesmo que sejam profundamente amados e cuidados por seus familiares. Muitas vezes, essa carência inesgotável os coloca em tal nível de angústia que suas atitudes autodestrutivas são praticadas como um remédio amargo e doloroso, mas com efeito de alívio imediato. É como algumas medicações aplicadas na forma de injeção: "doem uns poucos segundos, aliviam os sintomas em minutos e têm efeito por horas".

Durante os acessos de fúria, os pais costumam relatar que as mudanças de humor de seus filhos podem acontecer de forma tão rápida que é quase impossível perceber o motivo que disparou o gatilho desse evento. Isso torna a possibilidade de prevenir ou mesmo reduzir a dimensão dos acessos de fúria muito remota ou mesmo inexistente. Esses indivíduos são hipersensíveis e hiper-reativos às emoções, aos gestos, às entonações de voz e às expressões faciais dos outros. Como consequência dessas características, frequentemente eles interpretam de forma errônea as mensagens que as pessoas de seu convívio desejam lhes passar. Pode-se imaginar os efeitos desastrosos que essa "leitura equivocada do outro" é capaz de desencadear no border: sentimentos negativos de desaprovação, impaciência, irritabilidade, desatenção, negligência, tristeza, mágoa, rancor. É dessa forma depreciativa que ele imagina que o outro o vê e, por possuir uma identidade pouco consistente, é assim que ele passa a se ver no momento em que essas interpretações distorcidas ocorrem.

Essas horas de intensa disfuncionalidade emocional e cognitiva são responsáveis pelas mudanças bruscas de humor, que podem produzir níveis elevados de irritabilidade e deflagrar os acessos de fúria dos borders, direcionados especialmente às pessoas de seu convívio mais íntimo. Muitos pais, familiares e amigos costumam utilizar a expressão "pisando em ovos" para descrever a convivência cotidiana com essas personalidades.

Como os ataques de fúria ocorrem?

Os acessos de fúria dos adolescentes borders costumam ser apavorantes e muito estressantes para toda a família. Eles promovem um desequilíbrio emocional nos próprios jovens, nos pais, nos irmãos e até em funcionários mais próximos dos familiares. Com o passar do tempo, há um esgotamento gradativo, que leva ao limite emocional, à desestruturação familiar, à sensação de desesperança e à tristeza crônica na casa. Certa vez, ouvi de uma mãe a seguinte frase: "Lá em casa, até as paredes são tristes".

Após os acessos de fúria, os adolescentes borders tendem a apresentar uma onda de calmaria, devido ao processo que desencadeia essa explosão. Como já foi explicado, o ataque de fúria é precedido por um período de irritabilidade crescente, que leva a pessoa a um desconforto emocional insuportável. Na tentativa de extravasar a qualquer custo essa tempestade de sentimentos negativos, os borders promovem uma explosão emocional de forma intempestiva e descontrolada, que a maioria de nós presencia com olhos incrédulos e estarrecidos. A impulsividade nesses momentos é incalculável, e por esta razão é capaz de adquirir uma força física inimaginável.

A impulsividade e a irritabilidade são características nevrálgicas no processo de fúria das personalidades borderlines, em especial na fase da adolescência. Para que haja uma melhor compreensão, explicarei, de forma sucinta, um pouco do mecanismo desses dois sintomas. Somente dessa maneira é possível aprender como agir frente a uma situação tão complexa quanto assustadora.

A impulsividade é regulada em uma região cerebral denominada córtex pré-frontal. Tal qual o maestro de uma orquestra, essa região tem a função de "filtrar" nossos impulsos, especialmente aqueles gerados por nossas emoções mais intensas, como raiva, ódio, rejeição e frustração. Quando o córtex pré-frontal funciona corretamente, podemos filtrar a carga emocional de nossos desejos imediatos, para adequarmos nossas ações às situações que requerem entendimento e comportamentos sociais e afetivos harmônicos. Quanto à impulsividade, as personalidades borders, em geral, apresentam dois aspectos desafiadores e que requerem delas um grande grau de consciência e esforço para transporem suas dificuldades. O córtex pré-frontal desses indivíduos apresenta uma disfuncionalidade que prejudica bastante a filtragem redutora dos impulsos que essa região recebe diretamente do sistema límbico.

O sistema límbico funciona como a grande central cerebral das emoções. Seria o coração de nossas mentes; é nessa região que sentimos desde as emoções positivas, como amor, ternura e tolerância, até as negativas, como ódio, mágoa e rancor. Os borders apresentam uma hiperatividade nessa central emocional e, por conta disso, estão sempre gerando um número exacerbado de emoções com intensidades também elevadas. Essas emoções acabam produzindo impulsos que são conduzidos diretamente ao córtex pré-frontal, para serem moduladas de forma quantitativa e qualitativa. E é exatamente nesse processo que os borders começam a "capotar", pois o sistema de freio, composto pelos córtex pré-frontais, são hipofuncionantes, ou seja, eles freiam menos os impulsos emocionais do que deveriam. O resultado é uma impulsividade exacerbada, como um carro em alta velocidade, que a qualquer hora pode provocar um grave acidente e com consequências desastrosas tanto para o motorista quanto para as diversas pessoas ao redor.

Quanto à irritabilidade, temos que entendê-la como um tipo de estresse que faz o organismo liberar uma série de substâncias psicoativas, que por sua vez levam o cérebro a preparar o corpo para uma grande reação de "luta ou fuga". A descarga de adrenalina que ocorre nesse processo de preparar o corpo para uma "suposta guerra" tem também, por uma via neural distinta, a função de ativar o córtex pré-frontal para que ele exerça a sua função de freio mental e o corpo possa retornar à sua linha basal de funcionamento. O problema para as pessoas com personalidade borderline é que, por um funcionamento reduzido e consequentemente disfuncional, seu freio cerebral não consegue interromper ou reverter a cascata de estresse produzida pela irritabilidade que sentem de forma constante, o que, perante algumas situações, atinge níveis bastante elevados.

Sem tratamento adequado, tanto medicamentoso quanto psicoterápico, esses ataques de fúria irão ocorrer de forma inevitável, até porque existem motivos neurofisiológicos que os justificam e tendem a retroalimentá-los.

Com o tempo, os pais vão desistindo de enfrentar e questionar esse tipo de atitude dos filhos, tornando-se mais tolerantes em relação aos descontroles. Em geral, a desistência ocorre pela exaustão emocional vivenciada por esses pais, que não conseguem lidar com as explosões dos filhos.

Essa é uma atitude totalmente compreensível; no entanto, tende a piorar os problemas comportamentais desses adolescentes. Os filhos acabam "aprendendo" que suas explosões, além de aliviarem seus sentimentos ruins, podem também ser uma boa maneira de "dobrar" os pais, em particular quando eles representam um impedimento real para a realização de suas vontades infantis e reprováveis.

Assim, tanto pelos aspectos fisiopatológicos quanto pela minha prática clínica, observo que a irritabilidade deve ser o foco principal sobre o qual devemos trabalhar para tentar prevenir os acessos de fúria. E, caso aconteçam, que sejam bem menos nocivos. É preciso ter em mente que, quando um acesso de fúria se inicia, ele já é irreversível. Por isso, nossa grande chance é identificar a irritabilidade que o precede e tentar interrompê-la para que não culmine na explosão descontrolada.

É importante destacar que durante os ataques de descontrole essas pessoas acabam fazendo coisas que normalmente não fariam, como bater, morder, vandalizar a propriedade alheia, bater com o carro de propósito, trancar-se no quarto ou no banheiro. Em casos mais graves, podem se jogar na frente de carros em movimento, ingerir remédios em excesso, agredir as pessoas ao redor com objetos cortantes, tentar suicídio e até homicídio, o que põe em risco a própria vida e a de seus familiares. As atitudes tomadas durante os ataques de ira ou fúria nunca são planejadas, pois estão fora de controle. No entanto, a manipulação que os borders podem fazer, como ameaças, geralmente é algo calculado e tem o objetivo claro de obter um benefício imediato.

Reduzindo a irritabilidade: prevenção dos ataques

Antes de qualquer coisa, é preciso lembrar que uma personalidade borderline possui a mente inundada de sentimentos e pensamentos negativos. Essa hiperatividade emocional gera e alimenta a hiperatividade dos pensamentos, e ambas produzem um estado de agitação mental que, em determinado momento, terá de ser extravasado, exatamente como ocorre nos ataques de fúria. Para que isso não aconteça, toda a energia produzida pela hiperatividade mental deve ser canalizada em atividades alternativas e saudáveis, como caminhadas ou corridas ao ar livre; exercícios físicos de maior intensidade, como dança, lutas ou circuitos com modalidades diversas; prática de esportes de alta concentração, como tênis, squash, vôlei, natação etc. Aprender a relaxar com técnicas de ioga, meditação, respiração diafragmática, cantoterapia, dentre outras, também pode produzir efeitos positivos. O importante é desviar o foco do sentimento gerador da irritabilidade. A psicoterapia também é um fator fundamental na tomada de consciência de todo esse processo e no reconhecimento dos resultados positivos que essas práticas "desviadoras do foco" podem proporcionar. O bem-estar gerado por um pouco de controle sobre seus impulsos faz os adolescentes borders se sentirem menos desconfortáveis, e abre espaço e condições básicas para que suas angústias existenciais possam ser elaboradas e tratadas com mais consistência.

Os pais podem ajudar muito nessa questão, tendo paciência com os filhos, mantendo uma relação afetiva próxima, especialmente de escuta atenta, incentivando-os a tomar atitudes para minimizar a irritabilidade que sentem, bem como a aceitar um acompanhamento psiquiátrico e psicológico com profissionais que possuam profunda experiência no assunto. Os pais devem ainda enfatizar que, por meio de atitudes agressivas, seus filhos jamais conseguirão o que desejam, e é importante que sejam consistentes e não abram exceções a essa regra, caso contrário perderão a autoridade.

Não importa o quão violentos sejam os ataques, nesses casos deve-se chamar a polícia ou os bombeiros para ajudar a conter os filhos. É preciso ter em mente que essa postura, por vezes, se faz necessária e ela fará parte de um processo paulatino de aprendizado. Os adolescentes borderlines devem aprender que por meio da violência explosiva e intempestiva jamais conseguirão as coisas que querem, e que existem maneiras mais adequadas e menos desgastantes para alcançá-las. Seguindo a mesma linha de ajuda educativa, os filhos devem ser penalizados, de alguma forma, quando fizerem algo fora desse acordo de não violência, de maneira justa e equivalente ao que seria feito com os irmãos. O jovem border deve entender que o amor de seus pais inclui limites e que esses são válidos para todos os filhos. É importante também recompensá-los ao realizarem coisas boas, como ter bom rendimento na escola ou em outras atividades extracurriculares; e ao serem minimamente disciplinados ou organizados, carinhosos ou amistosos. No entanto, os pais devem fazer isso com muito cuidado e habilidade para não discriminá-los entre os outros filhos.

Alguns pais confessam ter muito medo da reação de seus filhos borders. Eles temem que os jovens tomem atitudes drásticas, como a tentativa de suicídio ou a saída de casa de forma descontrolada, colocando em risco sua integridade física. Dessa maneira, acabam enfrentando os filhos, o que, na maioria das vezes, desencadeia uma luta corporal ou, em uma atitude desesperada, acabam fazendo as vontades deles, na tentativa de prevenir o pior. Muitos pais também relatam o medo constante de que seus filhos cometam suicídio e, por esta razão, receiam deixá-los sozinhos em casa ou mesmo trancados em seus quartos. As mães, em geral, não conseguem dormir com o pavor de que o filho atente contra a própria vida.

O pensamento radical, na forma de tudo ou nada, é típico entre esses adolescentes. Muitas vezes os pais ficam confusos em relação à opinião que os filhos têm deles, pois ora demonstram afeto e carinho e os consideram pais maravilhosos, ora demonstram agressividade e discordância franca e hostil, considerando-os péssimos pais.

A adolescência é uma fase de busca de identidade, de descobertas e de experimentações. É normal que os filhos apresentem mudanças de identidade nessa fase de tantas indefinições e de novas definições, mas o que observo é que essa "crise fisiológica" de identidade nos adolescentes borderlines exibe um caráter mais profundo e intenso. Eles acabam sendo mais influenciados do que os demais adolescentes, sendo muito comum essas mudanças acontecerem de acordo com os melhores amigos. Por essa razão, os pais devem ficar atentos e ter muito cuidado com quem seus filhos se relacionam, pois eles são como "esponjas" que absorvem facilmente as ideias e os comportamentos de seus amigos "da vez". Dessa forma, também podem ser manipulados por eles para cometerem alguns delitos ou mesmo realizarem fantasias de cunho sexual ou aventureiro de alto risco. É importante destacar aqui que a maioria absoluta dos borders, no fundo de suas consciências, sabe distinguir o certo do errado e os pais devem sempre destacar essa lucidez moral deles.

Os relatos dos adolescentes borderlines revelam que o foco central de suas dificuldades é a comunicação com os pais; eles tendem a buscar de forma constante a aprovação e o afeto deles. Muitos dos comportamentos disfuncionais são motivados por esse sentimento, o que coloca os pais em um papel central em relação aos filhos.

Ameaças de se machucar e pseudoameaças de suicídio são exemplos típicos que visam chamar a atenção dos pais e buscar o afeto e a compaixão deles. Quando os filhos borders terminam um namoro, os pais devem redobrar a atenção. Um percentual significativo de adolescentes borders ameaça ou tenta suicídio (90%), e a maioria dessas tentativas é motivada pelo fim de um namoro. Assim, nesses momentos, é fundamental observá-los de perto e reforçar os laços afetivos com esses filhos. Outro comportamento muito comum entre os adolescentes borders e que costuma se iniciar quando estão entrando na puberdade é o autoflagelo. Essa prática pode se apresentar de diversas formas, como: overdose de medicamentos; queimaduras com cigarro; cortes com lâminas de barbear ou faca em diversas partes do corpo, especialmente nos pulsos; arranhões; arrancar cabelos; bater com a cabeça; dar socos nas paredes, entre outros. Os pais costumam não presenciar essas cenas, pois eles tendem a se autoflagelar em lugares escondidos para que os outros não percebam. Devemos lembrar que essas atitudes não são exclusivas dos adolescentes borders; outros podem fazer isso por raiva, prazer, ansiedade, desafio entre amigos ou imitação. No entanto, é importante destacar que os adolescentes "não borders" também podem fazer isso, mas sempre de forma passageira ou pontual. Mais uma vez o que os diferencia neste aspecto é que os adolescentes borders apresentam uma *motivação* bastante diferenciada para cometer esses atos. Eles descrevem essas situações como algo feito para obter alívio a um imenso mal-estar interno, uma mistura de vazio e angústia de caráter extremamente desconfortável. Quando são questionados sobre essas lesões, em geral, mostram-se desconcertados e esquivam-se do assunto. Esse comportamento costuma ser mais frequente nos borders que apresentam o perfil impulsivo-implosivo, como visto anteriormente.

Existem diversos estudos investigando os tipos de substâncias liberadas pelo corpo em resposta a esse tipo de agressão a si mesmo (autoflagelo), bem como seus efeitos de metabolismo cerebral. Essas pesquisas visam buscar um entendimento, bem como uma justificativa fisiológica, para esse comportamento.

O que os pais podem fazer quando descobrem que seus filhos se autoflagelam

É comum o adolescente border começar a se cortar depois de ver esse comportamento em algum personagem de filme, novela, internet ou depois de observar um amigo agindo assim. Como esses jovens apresentam uma hiperatividade emocional, são mais reativos às situações que mobilizam nossos sentimentos mais intensos, sejam elas verdadeiras ou ficcionais, como ocorrem em filmes, novelas ou até livros. Além de reagirem mais intensamente às emoções, os adolescentes também demoram muito mais tempo para se "esvaziar" de tais sentimentos, pois são facilmente influenciados e contagiados pelas emoções ao redor, em especial as negativas. Os adolescentes borderlines descrevem que, por vezes, sentem uma dor interna insuportável, a ponto de pensarem que viver assim não faz sentido e, por essa razão, seria melhor morrer a ter que conviver com essa sensação tão desagradável.

Eles afirmam que, quando se autoflagelam, sentem um pouco de dor no início, mas logo surge um "bem-estar" que alivia a dor interna que os tortura. Quando são indagados sobre como se machucaram, mentem e inventam desculpas nada convincentes. Os pais devem estar atentos para o fato de que as lesões podem ser produzidas em qualquer parte do corpo. Em casos mais graves e raros, os jovens cortam tendões e vasos sanguíneos para sangrarem mais. Podem também cortar parte dos seios e órgãos genitais, quando atribuem a essas partes do corpo a culpa por acontecimentos ocorridos, como atos de promiscuidade sexual e participação em atos sexuais de cunho mórbido ou perverso. Os adolescentes borders com esse perfil de autoflagelo costumam passar muito tempo no banho ou isolados em seus quartos, distanciam-se de amigos e evitam a convivência com as pessoas após brigas ou pequenos desentendimentos.

Para encobrir suas cicatrizes, costumam usar blusas de manga comprida ou evitam ir à praia e outros lugares onde terão que expor seus corpos. Assim, uma atitude suspeita a ser observada é o fato de seu filho estar usando, diariamente, blusas de mangas compridas, inclusive em dias quentes e ensolarados. Outras situações que levantam suspeitas são as compras repetidas de produtos antissépticos, utilizados para curativos em geral, e a presença de tesouras, lâminas, giletes, alfinetes ou facas em suas gavetas ou armários.

Diante de um episódio de autoflagelo agudo (recém-ocorrido), deve-se levar o filho ao hospital, onde será feito o curativo ou a sutura, além de imunização para tétano (caso esta não esteja em dia). Feito isso, o acontecimento deve ser relatado ao terapeuta que acompanha o adolescente. Se não houver um terapeuta, deve-se buscar um para fazer acompanhamento de seu filho o mais rápido possível. Ficar horrorizado e repreendê-lo duramente por esse comportamento não trará qualquer benefício; seu filho necessita de tratamento e acompanhamento adequados com profissionais especializados. Depois de passados os episódios de autoflagelo, muitos pacientes se sentem extremamente constrangidos e arrependidos pelo que fizeram, pois suas cicatrizes tendem a marcar seus corpos para o resto de suas vidas, trazendo fortes lembranças de uma fase muito sofrida.

> Mônica, 15 anos, chegou ao consultório levada pela mãe. Era uma menina ansiosa, inquieta, insubordinada e tinha uma relação conturbada com os pais. A mãe não sabia mais o que fazer, pois Mônica, depois que foi abandonada pelo namorado, se irritava por qualquer coisa, gritava com todos da casa e não queria voltar para o colégio. Ficava trancada sozinha no quarto, não queria comer, chorava e culpava os pais por sua vida infeliz. Pouco tempo antes, ela havia começado a fazer pequenos cortes com estilete nos braços e nas pernas e apertar a unha com força na mão até sangrar. Ao ser questionada sobre isso, disse que se sentia melhor, menos angustiada e que aquilo tirava a sensação ruim que sentia no peito.

Como descobrir se seu filho está usando drogas

Para todos os pais que têm filhos adolescentes, o uso de drogas é uma preocupação. Quando esses filhos, além de serem adolescentes, apresentam a personalidade borderline, a preocupação triplica, pois o que era sinal de fogo pode se transformar em um incêndio de proporções imprevisíveis.

Existem dicas que podem levar os pais a desconfiar de que isso esteja acontecendo com seu filho. O adolescente:

- Começa a ficar misterioso.
- Irrita-se com perguntas banais sobre seu cotidiano.
- Distancia-se de forma radical dos pais.
- Passa muito tempo trancado no quarto.
- Piora o rendimento escolar.
- Perde o interesse nas atividades extracurriculares.
- Aumenta a irritabilidade.
- Piora o estado de humor.
- Evita apresentar seus novos amigos.
- Fica com a aparência descuidada.
- Objetos e dinheiro começam a desaparecer de casa.

Também não podemos nos esquecer de observar os sinais óbvios: cheiro de álcool ou maconha no hálito (ou respiração) ou nas próprias roupas, larica (fome intensa após o consumo de maconha), olhos avermelhados, coriza esbranquiçada e infecções provocadas por fungos (candidíase é a mais comum), que vão se tornando constantes e persistentes em função da baixa imunidade que esses jovens passam a apresentar.

Há muita controvérsia entre os profissionais da área de saúde mental sobre quando se deve desconfiar ou mesmo se estabelecer o diagnóstico de transtorno de personalidade borderline para um adolescente. Muitos profissionais adiam essa decisão com receio de rotular o paciente e/ou criar um estado de tensão muito grande entre os pais. Tais profissionais argumentam que muitos adolescentes tendem a apresentar esse comportamento e que tudo poderá passar com o tempo. Embasada em minha prática clínica, eu, particularmente, discordo dessa postura. No meu entender, a verdade é que não existe idade determinada para o transtorno de personalidade borderline se manifestar. Desde que o adolescente preencha os critérios estabelecidos pela Associação Americana de Psiquiatria (APA), o diagnóstico deve ser feito. Quanto mais cedo identificarmos e tratarmos os borderlines, mais favoráveis se tornam seus prognósticos, pois seus cérebros terão mais tempo de se desenvolver sobre o alicerce de uma forma mais harmônica e menos disfuncional. Além disso, os fatores ambientais (como educação, relações familiares ou influência de amigos e colegas) ainda podem ser ajustados, minimizando o desencadeamento desse transtorno. Afinal, não podemos esquecer que uma parcela significativa dos adolescentes com transtorno de personalidade borderline tentarão o suicídio, e 10% deles conseguirão um desfecho fatal. Para firmar mais ainda a minha posição frente a essa delicada questão, acrescento um detalhe advindo da experiência profissional: desconheço um adulto borderline que em sua história pregressa de infância e/ou adolescência não apresentasse características, ainda que "camufladas", de dificuldades significativas nas relações interpessoais, na autopercepção, na estabilidade do humor e na impulsividade. E, para finalizar, gostaria de deixar claro que minha postura profissional em relação à precocidade da intervenção terapêutica dessas personalidades me remete, antes de tudo, ao juramento médico que pode ser resumido da seguinte forma: onde houver sofrimento ou risco à integridade e à vida humana devemos sempre errar por excesso, mas jamais por omissão.

A presença de algumas características borderlines em crianças não nos permite firmar um diagnóstico preciso, mas certamente nos orienta para que as disfuncionalidades mais significativas possam ser tratadas.

4
UMA INFÂNCIA DIFERENTE: CRIANÇAS PODEM TER O TRANSTORNO BORDERLINE?

Quando nos deparamos com crianças "difíceis" ou "diferentes" sempre nos questionamos até que ponto isso é normal: afinal, crianças são crianças, especialmente se forem nossas. Ficamos buscando motivos ou justificativas para seus comportamentos inapropriados. Os pais, em particular as mães, costumam se perguntar: "será que não é culpa minha?", "essa atitude não está encobrindo algo que não sabemos?", "não estou sendo muito rígida com ela?", "será que não estamos mimando demais nosso filho?", "até quando ele vai ser assim?".

Para a maioria absoluta dos pais é extremamente desconfortável, e até angustiante, ver seus filhos tão pequenos apresentarem sinais de intensa ansiedade e sofrimento, ou serem francamente desobedientes ou descontrolados, sem motivos significativos, ou mesmo aparentes. E o pior de tudo é não vislumbrarem uma perspectiva de melhora a curto ou médio prazo. As mães e os pais dessas crianças, com frequência, desabafam sobre as inseguranças e as frustrações frente a determinados comportamentos de seus filhos, que tendem a ser repetitivos e intensos.

A seguir, estão descritos dois exemplos clássicos dessa situação, com base nas histórias de duas crianças aparentemente bem distintas: Isabela e Kelly.

Isabela, nossa filha caçula, desde bebê era muito diferente das duas irmãs, não ia ao colo de ninguém e chorava por qualquer coisa. Demorávamos horas para fazê-la dormir, ela acordava por qualquer motivo e levávamos muito tempo para acalmá-la. Era muito grudada comigo e tinha medo de tudo. Conforme foi crescendo, passou a ter medo de dormir sozinha, acreditava que existiam monstros no escuro e os mais terríveis viviam debaixo de sua cama. Sempre foi uma menina solitária e "do contra", nunca fazia o que a família decidia, era bastante teimosa, birrenta e, muitas vezes, tínhamos que colocá-la de castigo. Com frequência, Isabela dava verdadeiros chiliques por pequenas frustrações e, nessas ocasiões, chegava a arrancar os próprios cabelos. Ela sempre tinha esses rompantes quando queria uma roupa nova, quando não comprávamos o brinquedo que ela pedia ou, ainda, quando queria ir embora das festinhas de aniversário dos amiguinhos. Não sentia vontade de ir à escola e todas as manhãs era um sacrifício tirá-la da cama.

Apesar disso, Isabela se relacionava muito bem com as irmãs e se divertia quando passeava com elas. Ao mesmo tempo, era uma criança ingênua, acreditava em fadas e princesas. Quando brincava, sempre se transportava para um universo paralelo, seu mundo de "faz de conta". Por volta dos 7 anos, Isabela começou a ficar mais rebelde e muito tirana para uma criança. Não me obedecia e sempre esperneava por tudo. Todo mundo dizia que ela era muito mimada, mas eu sempre tentei lhe dar limites e deixá-los bem claros. No entanto, como eu trabalhava fora, não tinha certeza se a babá cumpria as recomendações de não ceder às chantagens de Isabela. Foi nessa idade que ela começou a ter problemas na escola – puxava o cabelo das meninas de que não gostava, cuspia nos meninos, respondia de forma abusada à professora que tentasse lhe impor limites. Eu estava assustada com minha filha, não era essa a educação que ela havia recebido em casa. Eu e meu marido conversávamos várias vezes com ela sobre o quanto seu comportamento era "feio" e como ela estava afastando os amiguinhos. Colocávamos Isabela de castigo (15 minutos sozinha para refletir, um dia sem brincar, uma semana sem ver TV...), mas nada surtia efeito, ela continuava desobediente e, por vezes, fazia questão de mostrar que estava "driblando" os castigos com facilidade. Quanto mais castigos recebia, mais rebelde ficava e prometia vingança. Aos 8 anos, Isabela fugiu de casa. Nós ficamos desesperados e fomos à polícia. No dia seguinte, ela voltou dizendo que estava o tempo todo escondida no playground do prédio. Nesse dia, meu marido não aguentou e deu-lhe umas palmadas. Fiquei com pena, tentei conversar, mas Isabela de forma altiva e arrogante se recusou a falar comigo. Depois disso, ela se afastou de todos nós, como se não fôssemos mais da família. Começou a se tornar misteriosa e estava sempre de cara amarrada. Nessa mesma época, descobrimos que Isabela estava pegando dinheiro da gente, dando um jeito de conseguir uns trocados a qualquer custo. Ela se achava injustiçada e reclamava que dávamos tudo para suas irmãs, mas nada para ela. Não quis mais ir às aulas de natação, balé e inglês, e não havia como convencê-la. Minha filha tinha poucos amigos, que eram mais rebeldes e opositivos que ela; na realidade, eu não sabia quem estava influenciando quem, pois todos eram da turminha problemática da escola. Em compensação, as outras duas filhas agiam de acordo com a educação que eu e meu marido dávamos e raramente tínhamos algum problema relacionados a elas.

Aos 10 anos, Isabela repetiu de ano e, a partir daí, sua impulsividade cresceu como massa de bolo que ganha fermento. Passou a ter ataques de raiva e arremessava tudo o que via pela frente em cima da gente. Nessa época, levamos nossa filha a vários psicólogos, mas todos afirmaram ser uma fase passageira e que o problema poderia estar dentro de casa. Sabíamos que o temperamento de Isabela ia além de questões familiares, nossas outras duas meninas tinham recebido a mesma educação e não agiam assim. Já havíamos tentado todas as orientações que nos passaram: castigos, restrições, reprimendas, conversas, exemplos. O auxílio que buscávamos nada adiantou...

A mãe de Isabela chegou em minha clínica com sinais nítidos de exaustão e desesperança em relação à filha caçula. Pelo relato é possível observar diversas características de uma criança de temperamento forte e bastante difícil, dentre elas:

- ansiedade de separação: vivia grudada em sua mãe, com medo excessivo do abandono;
- dificuldades com o sono;
- pensamentos fantasiosos ou mirabolantes;
- relações interpessoais tensas, marcadas por rebeldia e tirania com seus pais, colegas e professores;
- acessos de raiva e fúria;
- hiper-reatividade emocional, como após a fuga de casa aos 8 anos;
- impulsividade;
- comportamento agressivo;
- crises neuróticas, como as de arrancar cabelos;
- desvios de conduta, como os furtos de dinheiro dentro de casa.

Muitas dessas características guardam bastante semelhança com as que observamos em adolescentes ou adultos com transtorno de personalidade borderline: relações interpessoais conturbadas, hiper-reatividade e acessos de fúria, distorção da percepção dos fatos e pensamentos com predomínio de ideias negativas em relação a si e em relação ao que os outros acham deles.

Na prática clínica, deparamos com limitações em aplicar os critérios para diagnóstico de borderline em adultos e crianças. Isso acontece pelo simples fato de os critérios da APA (e também da OMS) serem associados e, de certa forma, dependentes de atividades e comportamentos em que crianças abaixo de 12 anos raramente estarão engajadas. Dentre estes cito: autoflagelo e tentativas de suicídio, alteração da identidade, padrão sexual intenso e instável, direção perigosa, abuso de substâncias ou impulsividade em compras. No entanto, outros aspectos da impulsividade podem estar presentes, como a compulsão alimentar ou por determinado tipo de jogos e brincadeiras.

Apesar das limitações em definir critérios que, em geral, não estão presentes em idades tão precoces, ainda assim podemos encontrar outros critérios descritos pela APA em algumas crianças, o que poderia nos levar a estabelecer ou pelo menos atentar para a possibilidade de um possível diagnóstico de personalidade borderline.

Diversos grupos realizaram pesquisas com o intuito de resolver esse impasse que existe na definição diagnóstica de borderline infantil. Tais grupos, especializados no assunto, estabeleceram critérios de acordo com suas experiências clínicas. A seguir serão apresentados os que estão em consenso nos diversos trabalhos:[1]

1. *Relações interpessoais transtornadas.* As crianças constantemente demandam muita atenção, pois querem que seus desejos sejam realizados de forma imediata. São contro-

---

1 *Borderline personality disorder demystified*, de Robert O. Friedel; *Borderline personality disorder in adolescents*, de Blaise A. Aguirre, e *The borderline child*, de Kenneth S. Robson.

ladoras e extremamente dependentes, apresentam crises de amor ou ódio explícito em relação aos pais, tendem a imitar os outros com muita facilidade (gestos, palavras, ações, movimentos). Além disso, costumam ficar isoladas e possuem poucos amigos ou mesmo nenhum.

2. *Senso de realidade alterado.* As crianças, constantemente, inventam seu próprio mundo, distorcendo a realidade ao redor, ou mesmo criando uma realidade inteiramente nova, na qual se sentem bem. Por exemplo, a criança pode brincar de princesa e querer que todo mundo a trate assim, caso contrário ela agirá como se estivesse diante da insubordinação de um súdito. Suas brincadeiras de "faz de conta" costumam se estender para a vida real e podem durar dias ou até semanas. Elas frequentemente atribuem poderes aos seus pensamentos, por exemplo: acreditam que seus pensamentos em relação à morte de alguém são capazes de matá-lo. Vivenciam isso, mesmo sabendo que, no fundo, é impossível. Esse tipo de pensamento costuma causar reações inapropriadas de medo, desespero e até pânico e, muitas vezes, são inexplicáveis para os pais. Ideias persecutórias podem também ocorrer e, nessa situação, inventam que crianças, adultos ou até alienígenas estão perseguindo-as, com o intuito de agredi-las.

3. *Crises de ansiedade como medo da separação em relação aos pais, especialmente à mãe.* Sentem-se inseguras e com medo de serem abandonadas; são hiperativas e apresentam dificuldade de dormir, dificuldade de concentração, estados de pânico e ansiedade excessiva (na forma de hiper-reatividade) a estímulos novos ou diferentes.

4. *Impulsividade, que pode se apresentar de diversas maneiras.* As crianças são hiper-reativas a determinadas situações de estresse e frustração, têm dificuldade de frear o que falam ou fazem, manifestam ataques de ira, apresentam compulsão alimentar. Durante esses episódios de impulsividade descontrolada, costuma ocorrer uma ligeira perda de contato com a realidade e comportamentos paranoides, que podem durar poucos minutos ou horas. Um típico exemplo do comportamento paranoide dessas crianças é quando elas se põem a gritar para que as deixem em paz ou as soltem, mesmo que ninguém as esteja segurando ou prendendo.

5. *Sintomas neuróticos mais intensos e até* psicóticos-like. Essas crianças podem arrancar os cabelos, em função dos níveis elevados de nervosismo (como visto no caso de Isabela), bem como dar chiliques, simular doenças neurológicas como desmaios, convulsões, paralisias ou, ainda, cegueiras temporárias. Podem também apresentar rituais variados, pensamentos obsessivos, medos e fobias diversas e ainda restrições autoimpostas, como não comer certos alimentos ou não usar determinada cor ou tipo de roupa. Além disso, algumas delas são capazes de ter pensamentos e ideias tão fantasiosas e mirabolantes, que chegam a ter convicção de que são reais,[2] determinando uma alteração no comportamento e interferindo em suas relações interpessoais.

6. *Desenvolvimento disfuncional enquanto bebês.* Dentre essas características estão: padrão de sono e alimentação instá-

---

2   Sintomas *psicóticos-like*.

veis, hiper ou hipossensibilidade a estímulos, diarreia ou vômitos sem causa médica detectável, apatia súbita, diminuição da responsividade ao rosto da mãe em padrão alternante, sucção fraca, falta de gesto antecipatório quando segurada no colo e retardo no desenvolvimento motor ou de linguagem.

O diagnóstico de um perfil borderline na infância pode ser confundido com transtorno desafiador opositivo, transtorno de déficit de atenção e hiperatividade (TDAH),[3] transtorno múltiplo complexo do desenvolvimento (MCCD), transtornos ansiosos diversos (fobias, pânico, TAG, TOC),[4] transtorno do humor e até transtorno de conduta.

Como no diagnóstico dos adultos, é necessário que, no mínimo, cinco critérios estejam presentes de forma bastante clara no quadro clínico da criança. Em casos mais graves, e, felizmente, menos frequentes, algumas crianças se enquadram em critérios típicos da vida adulta. Dentre eles estão: perturbação intensa da autoimagem, ameaças suicidas, comportamento automutilante e até atividade sexual precoce e instável. Nesses casos, o diagnóstico não apresenta maiores dificuldades para ser determinado.

Na maioria dos casos infantis, a presença de algumas características borderlines não nos permite firmar um diagnóstico preciso, mas certamente nos orienta, de forma preventiva, para que as disfuncionalidades mais significativas possam ser trata-

---

[3] Tema do livro *Mentes Inquietas – TDAH: desatenção, hiperatividade e impulsividade*, de Ana Beatriz Barbosa Silva.

[4] Temas abordados no livro *Mentes ansiosas: o medo e a ansiedade nossos de cada dia*, 2ª edição, de Ana Beatriz Barbosa Silva.

das. Isso é muito importante para que possamos evitar, no futuro, o desenvolvimento das manifestações mais graves do transtorno de personalidade borderline, com consequências perturbadoras e, por vezes, fatais.

É preciso também estar atento para o fato de que crianças com características borders ou mesmo com um diagnóstico border completo podem apresentar, no futuro, sintomatologias de diversos outros transtornos mentais de forma comórbida (ou associada). Podem, ainda, apresentar sintomas circunstanciais, que se assemelham a diversos outros transtornos do comportamento, como: transtornos de ansiedade (pânico, fobias, TAG, TOC, TEPT), TDAH, transtorno de conduta, transtorno bipolar e transtorno psicótico. Somente uma história detalhada, colhida com o paciente e seus contatos pessoais mais próximos, poderá elucidar essas diferenças estruturais e pontuais tão necessárias para a realização de um diagnóstico correto, e a consequente elaboração de um tratamento preventivo adequado e eficaz.

Avançando um pouco mais no universo borderline de algumas crianças, apresento a história de Kelly, cujo perfil é bastante diferente do de Isabela:

> Kelly é de uma família pobre no Mato Grosso. Sua mãe tinha apenas 15 anos quando ela nasceu, e seu pai, 17. A menina não tem lembranças do pai, já que o casal se separou quando ela tinha apenas 2 anos e logo depois ele faleceu. Quando Kelly tinha 5 anos, sua mãe, depois de muitos namoros, se apaixonou por um marinheiro, e a deixou sob os cuidados da avó durante dois anos. Mais tarde, sua mãe teve um relacionamento conturbado com um traficante de drogas, que morou com elas por muito tempo. Tanto a mãe quanto o padrasto eram alcoólicos e viciados em cocaína, e ambos agrediam a garota, de forma frequente, com socos e pon-

tapés, e feriam seus braços e pernas com pontas de facas. Sua mãe também era agredida pelo parceiro, que quase sempre as ameaçava de morte. As brigas eram constantes e ele vez por outra desaparecia. Mas, quando voltava, a vida seguia entre cocaína, álcool, sexo e muitas agressões.

Em casa, ela quase não tinha o que comer, pois o dinheiro era gasto com drogas e sua mãe devia aos botecos, mercados e às pessoas do bairro. Aos 8 anos, Kelly abandonou a escola, não conseguia se concentrar, sentia vergonha dos machucados, dos comentários sobre a mãe e o padrasto. Frequentemente, a menina tinha crises de pânico e não conseguia sair de casa e, desde os 3 anos, apresentava insônia e pesadelos repetitivos.

Quando tinha 12 anos, ela seguiu os conselhos de uma amiga da rua e começou a se prostituir. No início tinha muito medo, mas depois não se importava mais, aquilo não significava nada para ela, e a aliviava um pouco da dependência afetiva que tinha da mãe. Certo dia, Kelly resolveu contar o que estava fazendo para conseguir seu próprio dinheiro e, de forma absolutamente natural, sua mãe passou a exigir uma parte do que a filha ganhava; afinal, ela lhe dava um teto para morar e se achava no direito, exatamente por ser mãe.

Pouco tempo depois, Kelly se rebelou e passou a ter acessos de fúria, com agressões físicas frequentes e violentas contra sua mãe e outras pessoas. A garota também começou a se envolver com homens mais velhos e com mulheres, e ter prazer em fazer sexo de forma mais agressiva e sadomasoquista.

Apesar da relação extremamente conturbada com a mãe, tinha por ela um sentimento que definia como adoração. Não conseguia ficar longe dela e achava que, no fundo, ela a amava; o problema eram os vícios, o padrasto e as crises nervosas.

Atualmente, Kelly está com 15 anos e ainda acredita que a mãe vai abandonar tudo e fugir com ela para uma casa bem bonita. Ela voltará a estudar em uma ótima escola, terá roupas e sapatos lindos, e todos os colegas da escola a acharão uma pessoa adorável. Acredita também que, antes dos 25 anos, será rica e poderá dar tudo de bom para sua mãe, curando-a de todos os problemas.

A grande diferença entre Isabela e Kelly está no *ambiente conturbado* em que esta última vive, desde os primeiros anos de vida. A mãe de Kelly apresenta o transtorno de personalidade borderline em todo o seu vigor explosivo e com sinais claros de condutas psicopáticas associadas: indiferença com as necessidades básicas da filha, o proveito financeiro proposto sobre a prostituição de Kelly, as agressões físicas, o uso abusivo de drogas, os calotes em vizinhos e comerciantes.

Como expus anteriormente, parte da personalidade de uma pessoa é pré-moldada (vem da herança genética) e a outra parte é moldável, ou seja, influenciada de acordo com o ambiente em que ela cresce e se desenvolve. Assim, além da questão biológica, o meio social e a forma como uma criança é educada serão fatores importantes para que um *transtorno de personalidade* seja negativamente potencializado ou positivamente amenizado.

No caso específico de Kelly, fica claro que, desde muito cedo, ela foi submetida a diversas situações traumáticas que, com certeza, contribuíram para que ela desenvolvesse na adolescência uma forma grave de transtorno de personalidade borderline. Kelly apresenta conflitos sérios de identidade, relações interpessoais erráticas, baixa autoestima, pensamentos fantasiosos, ataques de ira (como os da mãe), promiscuidade precoce, ansiedade, dificuldades para dormir, crises de pânico, problemas na área de aprendizagem, dependência afetiva da mãe. E, infelizmente, tem grandes chances de se tornar dependente de álcool e/ou drogas e de apresentar uma gama de desvios de conduta.

É importante esclarecer que traumas na infância, famílias desestruturadas e contextos socioeconômicos desfavoráveis podem potencializar o transtorno de personalidade borderline; entretanto, em hipótese alguma são pré-requisitos fundamentais ou necessários para que o transtorno ocorra em determinada pessoa. Muitas vezes, crianças passam por traumas inevitáveis ou mesmo inesperados, como a morte de um parente próximo em uma tragédia ou outros que seus pais jamais saberão, e nem por isso desenvolvem esse tipo de transtorno. Por essa razão, em vez de se culparem ou tentarem achar uma causa simplista para os comportamentos disfuncionais de crianças com perfil borderline, o que esses pais podem fazer é buscar ajuda especializada. Com o diagnóstico e tratamentos ainda precoces, é possível minimizar os sintomas mais desadaptativos e evitar que, no futuro, elas desenvolvam as formas mais graves do transtorno.

Muitos profissionais da área de saúde mental temem rotular crianças com perfil de um transtorno tão complexo como o da personalidade borderline; alegam que isso poderá fazê-las carregar um estigma por boa parte de suas vidas. No entanto, a minha prática clínica e as pesquisas de diversos grupos de médicos especializados demonstram e atestam os benefícios da identificação desse funcionamento mental nas crianças e da intervenção precoce, que pode e deve ser realizada. Consequências desastrosas poderão ser evitadas tanto para a pessoa em si quanto para as que vivem ao seu redor.

Quando nos deparamos com mães com transtorno de personalidade borderline, as coisas podem ser dolorosamente imprevisíveis, em especial para os filhos.

5
MÃES BORDERS: FILHOS CONFUSOS

Dizem que "só as mães são felizes", "todas são iguais, o que muda é o endereço" ou, ainda, "ser mãe é padecer no paraíso". Todas essas expressões tendem a se encaixar em um número considerável de mães. A maioria absoluta delas, de fato, se transforma em pessoas mais tolerantes e abnegadas quando a maternidade chega. Elas são capazes de atos amorosos difíceis de ser imaginados por uma mulher que não vivenciou tal experiência física, biológica, afetiva e comportamental.

A relação mãe-filho é tão complexa que, até hoje, nenhuma corrente do conhecimento humano foi capaz de decifrar todas as facetas e os consequentes desdobramentos que essa ligação tão íntima e intensa pode gerar em cada ser humano. A única certeza que temos é que essa é a primeira relação de amor e dependência que vivenciamos e, por esse motivo, entre tantos outros de intensidades diversas, nossas mães irão exercer grande influência sobre o modo como perceberemos e viveremos nossas futuras parcerias afetivas.

Toda mãe reclama dos filhos e todos os filhos se queixam das mães; esse movimento do conviver íntimo é normal e necessário para que mãe e filho possam manter suas identidades ao longo da vida, especialmente quando os filhos entram na adolescência e buscam, de forma intensa, os alicerces de suas versões adultas.

Para grande parte das mães e seus filhos, esse processo é normal e instintivo. Mas, quando nos deparamos com mães com transtornos de personalidade borderline, as coisas podem ser dolorosamente imprevisíveis, em especial para os filhos. Estes costumam viver em uma corda bamba, no que tange aos sentimentos que nutrem por suas genitoras. "Malmequer, bem-me-quer, malmequer, bem-me-quer...", muitos filhos de mães borderlines utilizam essa expressão para descrevê-las, e a melhor maneira de conhecê-las é ler o relato de um deles:

> Sou a caçula de casa e tenho dois irmãos. Quando teve o Pedro, meu irmão mais velho, mamãe parou de trabalhar pra se dedicar só a ele e não voltou mais, pois sua "doença" foi piorando. Meu avô faleceu quando ela tinha apenas 6 anos e a vovó precisou criá-la sozinha. Quando ela tinha 12 anos, vovó se casou novamente. Mamãe me contou que vovó era muito controladora e seu marido, que era alcoólico, batia nas duas com frequência. Ela sofre até hoje por conta daqueles dias; fala da infância e da adolescência como épocas muito difíceis de sua vida e, em função disso, saiu de casa aos 17 anos.
> Quando nasci, mamãe teve depressão pós-parto e tive que ficar meu primeiro ano de vida com minha avó, para que meu pai pudesse tomar conta dela. Desde o meu nascimento, mamãe passou a ter diversos problemas de saúde e a tomar muitos calmantes. Ao mesmo tempo, era divertida e gostava das festas em família, só que bebia demais e acabava arrumando confusão, ou se trancava no quarto.
> Eu precisava ser muito compreensiva com minha mãe, especialmente nos períodos em que ela adoecia, pois se trancava no quarto e lá permanecia calada sem querer falar com ninguém. Meu pai, meus irmãos e eu nos revezávamos para tomar conta dela. Quando mamãe estava bem, ninguém podia controlá-la, pois tínhamos medo que voltasse a ficar doente de novo. Mamãe tinha pouquíssima paciência conosco e dava chiliques por tudo; qualquer probleminha era motivo para se descontrolar e se

enfurecer com a gente. Distorcia tudo o que falávamos ou o que acontecia. Nessas horas, despejava um montão de coisas na nossa cara: "Depois de tudo o que eu fiz por vocês, é assim que me retribuem?", "Vocês são todos uns ingratos!", "Vocês me obrigam a ser severa e depois eu fico péssima com isso!".

Por algum motivo, que eu não sei explicar, mamãe tratava meus irmãos com mais carinho, tinha mais paciência com eles, mas comigo era só culpa e desaprovação. Eu era a mais nova e não sabia me defender direito, acho que por isso ela sempre me tratava aos gritos até me levar ao limite. Meus irmãos ficavam do lado dela e diziam que eu era egoísta e não tinha consideração e respeito por ela. Mas eu não achava que estivesse fazendo nada tão grave assim. Ela sempre dava um jeito de jogar um contra o outro.

Eu me lembro bem de uma dessas situações: todo ano havia um passeio da escola para um hotel-fazenda e ficávamos muito tempo esperando por essa data. Certa vez, na hora "h", minha mãe não me deixou ir porque meu pai precisava viajar a negócios e, se acontecesse alguma coisa comigo, ela não saberia lidar com isso sozinha. Nesse dia eu fiquei muito revoltada, pois ansiava por aqueles momentos de paz e diversão.

Fiquei dias sem falar com ela, mas ninguém me deu razão. Ela era muito manipuladora e tinha uma habilidade fantástica de convencer a todos, inclusive a mim, de que estava sempre certa, com suas "lógicas" e seus argumentos apelativos. É claro que eu acabava me sentindo culpada.

Para as amigas da mamãe, nossa vida era perfeita e ela vivia fazendo reuniões lá em casa. Todas a invejavam por ter um casamento estável, família exemplar e a boa condição financeira do meu pai. Elas nem imaginavam que tudo era uma grande farsa, desde as roupas, o cabelo, até a casa. Antes das reuniões, mamãe comprava objetos e móveis novos para substituir os que haviam sido quebrados em seus ataques de fúria. Parecia que nossa casa era sempre daquele jeito, impecável. Aquilo era um teatro patético, que eu não suportava.

Quando minhas amigas iam lá em casa, minha mãe sempre me deixava sem graça. Ela costumava se intrometer nos assuntos e falava coisas constrangedoras a meu respeito. Eu achava que ela fazia isso de propósito, mas ela dizia que não tinha falado nada de mais, que eu era uma pessoa egoísta e possessiva.

Ela fazia questão de ser o centro das atenções, de qualquer maneira. Eu odiava as minhas festas de aniversário. Tudo tinha que ser como ela queria: a música, o tema, o lugar, as pessoas, até a minha roupa. Quando cismava com uma coisa não adiantava, tudo era em função dela. Eu me sentia péssima só de pensar em contrariá-la e ficava esperando um gesto de carinho. Quando isso acontecia eu me sentia a pessoa mais feliz do mundo! Mas esses momentos gloriosos eram escassos e totalmente imprevisíveis. Quando ela se aproximava de mim, eu nunca sabia se era para fazer um carinho ou para me agredir. Eu era uma refém, sempre à mercê de seu humor e de suas vontades. Passei boa parte de minha infância ansiosa e frustrada, esperando que ela correspondesse ao amor que eu sentia por ela.

Durante minha adolescência, mamãe tentou suicídio por duas vezes, ingerindo medicamentos. Nunca entendi direito por que ela fez isso com a gente. Eu me senti culpada, pois lá em casa só eu conseguia contrariar e brigar um pouco com minha mãe.

Papai era um amor de pessoa, mas um marido totalmente passivo, minha mãe fazia dele gato e sapato. Ele não podia fazer nada com os filhos, conversar, sair ou qualquer coisa, que ela se magoava profundamente e se sentia rejeitada. Era muito ciumenta e possessiva e, aos poucos, conseguiu estabelecer um abismo afetivo entre papai e nós três.

Quando não estava deprimida, mamãe era uma vigia incansável: vagava durante a noite com a TV ou o rádio ligados, falava ao telefone. Nas fases em que estava "bem", a casa vivia em estado de inquietação constante, ninguém tinha sossego. Ela conseguia me deixar quase louca, vasculhava minhas coisas, lia meu diário e, quando fiquei mais velha, me abraçava toda vez que eu chegava tarde da noite. Era um abraço farejador, com o único objetivo de saber se eu havia bebido ou fumado. Um dia me revoltei e falei que iria sair de casa. Pensei que ela fosse falar para eu ficar, fazer todo aquele dramalhão habitual, mas não, arrumou minhas malas e disse que se eu não estivesse satisfeita podia procurar outro lugar pra viver. Eu, como de costume, baixei a cabeça, voltei do elevador, desfiz as malas e guardei tudo em seus devidos lugares.

Em suas crises de descontrole, mamãe falava coisas horríveis, como: "Eu nunca quis ter vocês", "Não aguento mais essa vida, preferia estar morta!". Ela não tinha ideia de como aquelas palavras dilaceravam nossos corações e de como isso tudo nos marcaria para sempre.

Quando realmente saí de casa, ela implorou para que não a abandonasse. Era típico dela me fazer sentir culpada quando eu deveria estar feliz. Aquela situação já tinha sido postergada por muitos anos. Mas, finalmente, aos 30 anos, depois de muito sofrimento e muita terapia, eu consegui viver longe de seus domínios. Até hoje minha mãe faz esse jogo sentimental comigo e com meus irmãos, mesmo estando distante de nós. Para tentar levar uma vida afetiva mais saudável, tentei me afastar ao máximo, mas ela ainda vive a me "assombrar".

Pelo relato de Eduarda, não há dúvidas de que a relação com a mãe era bastante conflituosa, o que a deixava absolutamente atormentada. Mães com transtorno de personalidade borderline costumam apresentar muitas das características descritas nesse caso. A questão mais complexa é a influência direta e intensa que os sintomas exercem na dinâmica familiar e na formação da personalidade dos filhos. Essa influência sempre estará presente; entretanto, ela poderá ser marcada de forma mais ou menos acentuada, conforme o temperamento específico de cada filho. Como visto no início do livro, o temperamento é resultante da parte genética (herdada) na formação de uma personalidade. Assim, como era de se esperar, os filhos que carregam uma carga genética maior de uma personalidade borderline e que podem abrir quadros semelhantes serão justamente aqueles que sofrerão mais com essa convivência conflituosa e imprevisível.

Os tipos de mães borderlines também podem variar de acordo com os sintomas mais marcantes que cada uma irá apresentar no contato íntimo com seus filhos. A mãe de Eduarda era extremamente manipuladora porque, na realidade, sentia medo intenso de sofrer abandono e de ser rejeitada. Na tentativa de obter controle sobre todas as situações familiares, ela se utilizava da doença para justificar seus atos e, assim, conseguir que as coisas fossem feitas a seu modo. Apresentava também problemas de impulsividade, como beber abusivamente, ter acessos de ira e tentar suicídio.

Traumas de infância costumam estar presentes nas histórias de mães borders. A mãe de Eduarda perdeu o pai aos 6 anos e, aos 12, passou a conviver com um padrasto alcoólico que, com frequência, espancava a esposa e a enteada. Essas situações traumáticas demonstram que a instabilidade familiar nas "futuras" mães borders geralmente está presente em suas vidas desde muito cedo. Como parte da personalidade também é "aprendida" por meio de exemplos e convivência, a mãe de Eduarda absorveu uma forma disfuncional de relacionamento familiar e, de certa maneira, reproduziu esse padrão de comportamento quando teve a própria família. Seus parâmetros de amor e carinho eram bastante distorcidos, seus sentimentos eram instáveis em relação às coisas, às pessoas e a si mesma e, de forma previsível, fez o mesmo com os próprios filhos.

Os borders costumam ter outros transtornos como parte do quadro geral; assim, é comum apresentarem depressão, ansiedade e até sintomas de fuga da realidade. A mãe de Eduarda frequentemente vivia em um mundo paralelo de fantasias e perfeição, apresentava também ideias paranoides em relação ao marido e aos filhos e, por isso mesmo, era tomada por desconfianças súbitas em relação a eles, amigas e outras pessoas do convívio cotidiano. Eduarda até hoje tenta se restabelecer dos danos causados pela mãe à sua identidade e autoestima. Ela não poderá apagar sua história, mas entender o porquê de tantos conflitos e "maldades" poderá ajudá-la a se libertar de sentimentos ruins e permitir que construa novas e promissoras relações de afeto.

É fundamental saber identificar uma mãe com transtorno de personalidade borderline; somente dessa forma poderemos auxiliar seus filhos a lidar com diversas situações, sem que se tornem reféns, objetos afetivos ou ainda que venham a sacrificar toda uma existência para ajudar uma mãe de personalidade tão complexa.

Tipos de mães borderlines

Apresento aqui quatro tipos de mães com personalidade borderline:[1]

---

[1] Baseado na classificação de Lawson, Christine Ann. *Understanding the borderline mother: helping her children transcend the intense, unpredictable, and volatile relationship.*

1. A "vitimizada" ou "sofredora";
2. A "medrosa" ou "controladora";
3. A "rainha" ou "autoritária";
4. A "malvada".

Não se pode esquecer que essa é uma classificação empírica, com fins didáticos, que visa destacar os sintomas mais disfuncionais nas relações entre mães borders e seus filhos, para que estes sejam preparados de modo objetivo em processo psicoterápico (em geral, absolutamente necessário) ou, ainda, para que os mesmos possam se valer do autoconhecimento o mais precocemente possível. Afinal, entender o funcionamento mental de nossas mães é conhecer a nossa origem e grande parte de nossa história. É importante destacar que uma mesma mãe borderline costuma apresentar características comuns a outros tipos:

1. A mãe "vitimizada" ou "sofredora"

O sentimento essencial e predominante neste tipo é o desamparo, e a mensagem que passam a seus filhos pode ser resumida pela seguinte frase: "A vida é pesada e repleta de sofrimentos".

A mãe vitimizada sempre se coloca em um papel de eterna sofredora. Utiliza-se desse papel para manipular as pessoas ao redor, por meio dos sentimentos de pena e piedade que despertam nelas.

Em diálogos com os filhos costumam usar expressões como: "Depois de tudo que passei, você ainda tem coragem de fazer isso comigo?", "Preciso tanto de vocês para me sentir melhor" ou "Queria tanto ser uma mãe melhor para que você se orgulhasse de mim!".

Esse tipo de mãe sempre esconde um profundo sentimento de inferioridade e pena por si mesma. Em seu histórico infantil costumamos nos deparar com maus-tratos, negligências e até abusos. Na maioria das vezes, procuram maridos ou parceiros que possam "tomar conta" de suas vidas e fazer tudo por elas.

As crianças que possuem esse tipo de mãe, em geral, são obrigadas a amadurecer de forma precoce, pois desde pequenas se sentem responsáveis pelo bem-estar de suas mães. Os cuidados que essas mães dedicam aos filhos costumam oscilar muito, ora com atenção excessiva, ora com negligência total. Seus sentimentos pelos filhos flutuam de acordo com seus estados de humor. Para os filhos, é muito difícil entender esse "amor instável e imprevisível", por isso o sofrimento deles é muito intenso.

Se voltarmos ao caso de Eduarda, do início do capítulo, observaremos que sua mãe apresenta muitas características da mãe vitimizada ou sofredora. Ela usava e abusava do jogo da culpa para manipular os filhos, que por sua vez tinham que compreender e aceitar todos os comportamentos disfuncionais de sua mãe, em face da doença que lhe trazia muito sofrimento. Por outro lado, em determinadas ocasiões, a mãe de Eduarda criava um mundo próprio, onde se mostrava feliz, segura e dona de um lar perfeito. Esse mundo, no entanto, só existia quando ela recebia suas amigas. Na verdade, ela tinha medo profundo de ser rejeitada ou mesmo abandonada por elas.

Como lidar com a mãe "vitimizada" ou "sofredora"

Antes de qualquer coisa, é preciso entender que o sofrimento da mãe não é nem deve ser o sofrimento dos filhos. Mães e filhos são indivíduos distintos e a mãe sofrida não pode contaminar seus filhos com suas "dores" ou exigir que eles exerçam um efeito medicamentoso sobre as mesmas. Nenhum filho, por si só, pode livrar sua mãe border dos sofrimentos psíquicos. Isso é uma tarefa árdua e individual que cada uma delas precisa enfrentar para que seja melhor como pessoa e, consequentemente, como mãe.

Personalidades borders têm a tendência a distorcer os fatos a partir de suas emoções exacerbadas; em função disso, seus sentimentos, mesmo que verdadeiros, mostram-se exagerados e totalmente desproporcionais às situações ocorridas. Outro aspecto a destacar, no que tange ao sofrimento dessas pessoas, é a influência que as emoções hiperativadas exercem nos seus sistemas de memória. Emoções intensas e negativas tendem a "formar calos" em suas lembranças e, dessa forma, passam a ser ativadas e revivenciadas aos menores sinais de sofrimento ou frustrações. Isto cria um ciclo vicioso de sofrimento, que se retroalimenta de forma intensa e devastadora.

As mães vitimizadas tendem a usar seu sofrimento em um jogo de manipulação, o que cria nos filhos intensos sentimentos de culpa. Os filhos, por sua vez, precisam ser orientados a entenderem que não são culpados e que, ao se sentirem assim, além de sofrerem muito acabam reforçando a manipulação que as mães exercem sobre eles.

Apesar do que foi dito sobre a mãe vitimizada, existem momentos bons que podem e devem ser aproveitados ao seu lado. É importante para toda a família desfrutar desses momentos agradáveis, nos quais doses generosas de carinho são observadas e, principalmente, saber separá-los dos momentos mais difíceis e desagradáveis. Os filhos desse tipo de mãe devem aprender, desde muito cedo, a não contar com a mãe, pelo menos como forma de sustentáculo afetivo que se espera ou se idealiza das mães em geral. Viver esperando que suas mães exerçam essa função é alimentar expectativas irreais, que só irão gerar intensos sentimentos de frustração e de menos-valia. O acompanhamento psicológico dessas crianças deve ser feito o mais cedo possível, uma vez que elas precisam ter suas individualidades reforçadas e bem-trabalhadas para não se "contagiarem" com os infindáveis sofrimentos de suas mães.

2. A mãe "medrosa" ou "controladora"

O sentimento essencial e predominante deste tipo de mãe é o medo da rejeição ou do abandono dos filhos. A mensagem que passam a eles, em função do receio de perdê-los, pode ser expressa pela seguinte frase: "A vida é repleta de perigos e somente eu posso ajudá-los a preveni-los".

As mães medrosas ou controladoras se incumbem de ser guardiãs incansáveis de seus afetos mais preciosos. Elas sentem muito medo de que coisas desagradáveis possam ocorrer a si e à sua família e passam a imagem de que o mundo é muito mais assustador do que realmente é. Com frequência, são extremamente supersticiosas e se valem de "proteções" fantasiosas. Mães desse tipo tendem a ser mais reservadas que as mães vitimizadas; evitam a convivência social em grupos e vivem em seus mundos onde se julgam protegidas. Dentro dessa redoma de vidro, que constroem para si e para sua família, elas se mostram possessivas, chegando até a estabelecer uma relação simbiótica com suas crianças, pautada em ansiedade, insegurança e necessidade de superproteção.

De forma contrária aos seus sentimentos internos de medo e insegurança, essas mães se mostram externamente seguras e inabaláveis; é muito difícil que se permitam "baixar a guarda", como se estivessem sempre prontas para o que der e vier. Em geral, não demonstram suas emoções para não se mostrarem vulneráveis. Os filhos das mães borderlines deste tipo crescem aprendendo que o mundo é um lugar perigoso, onde não se pode confiar em ninguém, apenas em suas próprias mães. Eles se sentem inseguros e não sabem muito bem o que temer de verdade, pois suas funções autoprotetoras não puderam ser plenamente desenvolvidas.

Como lidar com a mãe "medrosa" ou "controladora"

Agir com hostilidade, rebeldia ou preocupação excessiva só vai contribuir para aumentar a hostilidade e o controle desse tipo de mãe. A chave da relação com a mãe medrosa ou controladora é o distanciamento. Isso é fundamental para que os filhos sejam capazes de saber quais são seus próprios receios, medos e inseguranças. Somente dessa forma será possível distinguir seus verdadeiros sentimentos, caso contrário eles sempre serão meros reflexos das angústias e fantasias de suas mães. Para que essa individualização possa se desenrolar de forma positiva, é importante, em especial nos processos de terapia, reforçar racionalmente o que o filho é capaz de fazer por si mesmo e desmistificar os medos infundados que lhe foram incutidos ao longo da vida.

3. A mãe "rainha" ou "autoritária"

Os sentimentos essenciais e predominantes nesse tipo de mãe são a vaidade e o egoísmo. E a mensagem que elas passam para seus filhos pode ser definida pela seguinte frase: "A vida se resume a mim e, para que você seja bem-sucedido, deverá se espelhar em mim".

Sabe aquele ditado: "Tal mãe, tal filha?" Ele se aplica muito bem quando se deseja definir o que a mãe rainha (autoritária/ egocêntrica) quer de seus filhos, especialmente de sua filha. Ela cria a filha para ser um pequeno protótipo seu e isso é tudo que importa.

Um personagem cinematográfico que exemplifica essa relação é a mãe de Violeta Beauregarde, uma das cinco crianças que conseguem achar o bilhete premiado para visitar a fábrica de chocolate no filme A *fantástica fábrica de chocolate* (2005), de Tim Burton, protagonizado pelo ator Johnny Depp. Violeta é uma esportista, extremamente competitiva e uma réplica exata de sua mãe. Ambas são gananciosas, egoístas, egocêntricas e com um gosto exacerbado pela fama. Elas são capazes de qualquer coisa para ganhar a competição.

A mãe autoritária/egocêntrica costuma ser extrovertida, demanda toda a atenção que puder atrair para si e, na maioria das vezes, intimida os outros com seu jeito pouco gentil e arrogante. Para esse tipo de mãe, seus filhos podem até não ser exatamente como ela, mas faz questão que eles se espelhem nela ou sigam suas orientações para chegarem ao topo.

Essas mães vivem em constante estresse por melhores performances. Como resultado, costumam apresentar sintomas físicos, como enxaqueca, fibromialgia, espasmos musculares, úlcera, colite e problemas no sistema imunológico. Sua grande preocupação é com a própria imagem e a de suas crianças. Adora receber elogios, especialmente quando são direcionados apenas a ela. Seus filhos costumam sofrer com a sensação de que nunca são bons o bastante, já que o nível de exigência de suas mães é sempre muito alto.

Como lidar com a mãe "rainha" ou "autoritária"

Sabemos que é muito difícil estabelecer certos limites com a figura materna. Aprendemos desde muito cedo que nossa mãe é a pessoa em quem devemos confiar cegamente e, em tese, ninguém irá nos amar mais do que ela. Além disso, a ideia que a maioria de nós tem sobre as mães é de que sempre estarão em busca do melhor para os filhos.

No caso da mãe rainha, ela procura o que é melhor para si mesma, e não necessariamente para suas crianças. É fundamental trabalhar o processo de individualização desses filhos e, para isso, a abordagem psicoterápica será mais eficaz quanto mais conseguir reforçar os sentimentos referentes a quem eles são, o que eles querem de fato e o que eles não querem de forma alguma. Eles precisam entender que são pessoas diferentes de suas mães e que ser assim pode ser muito bom também. É possível ser bem-sucedido e amado sem se tornar uma simples marionete maternal.

4. A mãe "malvada"

O sentimento básico da mãe border malvada é uma raiva aniquiladora e perversa. E a mensagem que essas mães passam a seus filhos pode ser resumida na seguinte frase: "A vida é uma guerra, onde os fracos não têm vez e somente os fortes sobrevivem".

A mãe malvada é a mais fácil de ser exemplificada por meio de novelas ou filmes. Elas são as personalidades como a madrasta da Cinderela ou da Branca de Neve ou, ainda, a Nazaré, vivida por Renata Sorrah na novela *Senhora do Destino*. Os exemplos são inúmeros e todos eles revelam uma personalidade borderline grave com franca comorbidade na forma de atitudes psicopáticas ou antissociais.

O caso de Kelly, relatado no Capítulo 4, mostra que sua mãe apresenta esse perfil.

A mãe malvada tem a habilidade de detectar as áreas de vulnerabilidade das pessoas, é extremamente punitiva e sadicamente controladora com seus filhos. Com frequência sentencia: "Você vai se arrepender disso! E merece sofrer muito", "Sou sua mãe e tenho direito de controlar tudo em sua vida", "Você vai me pagar caro por isso", "Eu poderia te matar, quem deu a vida pode tirar".

Elas são sempre vingativas e costumam quebrar e destruir objetos de valor de outras pessoas com o intuito de fazê-las sofrer. Seus ataques de fúria são aterrorizadores e elas gostam que eles assim o sejam, pois isso as ajuda a submeter e subjugar os filhos e as demais pessoas com as quais mantêm relações mais próximas.

O que diferencia a malvada das outras borderlines é a crueldade consciente e a falta de escrúpulos que caracterizam a maioria de seus comportamentos. Julgam que os filhos são suas propriedades e, por essa razão, podem fazer o que bem quiserem com eles. Esse tipo de mãe apresenta pouca resposta aos tratamentos de forma geral e seu prognóstico costuma ser muito ruim. São as mães mais difíceis de se relacionar, que causam as maiores feridas emocionais aos filhos, e quase todas elas impossíveis de serem cicatrizadas. O grau de suas perversidades pode variar muito, desde agressões verbais violentas até maus-tratos e torturas físicas e, infelizmente, infanticídio.

Em outubro de 1994, a americana Susan Smith, de 23 anos, avisou a polícia que um homem negro havia roubado seu carro e levado seus filhos, Michael Daniel, de 3 anos, e Alexander Tyler, de apenas 14 meses.

O caso ganhou notoriedade internacional depois que ela concedeu diversas entrevistas na TV, com apelos aos prantos, para que a população a ajudasse a encontrar as crianças e o sequestrador. Muitas correntes e vigílias de orações foram feitas, causando grande comoção.

No entanto, após uma investigação detalhada, Susan falhou em dois testes no detector de mentiras (polígrafo) e alguns dias depois confessou ter atirado o carro em um lago e afogado as crianças. Ela alegou ter feito isso porque seu namorado, Tom Findlay, não queria ficar com uma mulher que já tinha filhos de outro casamento. Desde então, ela tinha passado a odiar os meninos.

Em julho de 1995, Susan Smith foi condenada à prisão perpétua, mas pode receber liberdade condicional em 2024.

Como sobreviver à mãe malvada?

O segredo de como lidar com essa mãe é valer-se do desarmamento e não do ataque. Ela nunca deve se sentir sem saída ou submetida ao controle de outra pessoa, pois nessas situações irá reagir com ataques de fúria totalmente descontrolados. O melhor a fazer é manter-se o mais distante possível e intervir o mínimo possível na vida dela.

Filhos de mães assim não devem esperar que um dia elas lhes deem amor e aconchego. Esse afeto poderá acontecer em suas vidas, mas vindo de outras pessoas capazes de retribuir esses sentimentos. O grande desafio será identificar essas pessoas e valorizar, respeitar e preservar as relações pautadas nessa afetividade saudável. E isso ocorre porque o padrão afetivo dos filhos de mães malvadas costuma ser bastante distorcido pelos longos anos de sofrimento em que conviveram com elas. O distanciamento dessas mães deve ser absoluto, tanto físico quanto emocional; somente dessa forma pode-se pensar em um tratamento efetivo. Em geral, ir morar com outro parente ou mesmo sozinho, quando não se é mais criança, pode ser uma boa solução. Quando a mãe malvada é identificada por uma equipe médica, ou de assistentes sociais e psicólogos que assistem crianças, medidas legais devem ser tomadas para evitar que o pior aconteça.

Os profissionais da área de saúde têm a obrigação de acionar o Conselho Tutelar e até o Ministério Público para garantir a proteção física e emocional dessas crianças. Em muitos casos deve-se reduzir a interação com a figura materna a zero, ou seja, não se deve falar, encontrar ou ter qualquer tipo de contato com ela, pois isso só vai remeter a sentimentos ruins nos filhos.

É necessário também que os órgãos responsáveis pela proteção de crianças, os familiares e os próprios filhos quando maiores entendam que esse perfil de mãe *nunca* irá mudar o suficiente para ser uma influência minimamente afetiva ou segura. Pode, à primeira vista, parecer uma postura radical, mas essa é a única forma de amenizar o sofrimento que elas geram em seus filhos. O lado "bom" das mães malvadas nasceu morto, ele é falso e volátil e surge apenas quando ela quer enganar ou iludir os outros.

Os borderlines exigem constantemente a atenção do parceiro e necessitam desse amor para preencher a sensação crônica de vazio e legitimar sua própria existência.

6
"PISANDO EM OVOS": AS RELAÇÕES INTERPESSOAIS NO UNIVERSO BORDERLINE

Diante de tudo que foi exposto acerca do funcionamento essencial da personalidade borderline e seus sintomas disfuncionais mais frequentes, podemos imaginar o quão perturbadoras e caóticas podem ser as relações interpessoais e afetivas dos borders.

Na maioria absoluta dos casos desse transtorno, os sintomas citados ao longo do livro começam a se manifestar de forma clara e disfuncional no fim da adolescência e início da vida adulta. E isso não acontece por acaso, uma vez que é nessa época da vida que experimentamos as primeiras relações amorosas e suas sensações de paixão e sofrimento e as inevitáveis frustrações que as acompanham. Quando somos jovens, o "amor" é algo extremamente idealizado e fantasiado, e isso faz os amantes de primeira viagem se comportarem como se fossem personagens de histórias amorosas de filmes, novelas ou romances ficcionais. Clássicos como *Romeu e Julieta*, ou mesmo filmes mais recentes como os da saga *Crepúsculo*, evidenciam quão intenso, mágico e sofrido pode ser o amor vivido na juventude.

Se para todos os jovens essa experiência afetiva costuma ser tão repleta de emoções e sentimentos marcantes, o que dizer dos jovens borderlines?

Hipérbole talvez seja a figura de linguagem mais adequada para definir as primeiras vivências amorosas dessas pessoas, uma vez que é a denominação linguística do exagero, do muito, ou melhor, do muito de algo que, por si só, já é grande. Quando se trata de paixão, os borders são capazes de senti-la com uma lente de aumento e, por isso mesmo, transitam entre o céu e o inferno que as emoções descontroladas podem ocasionar. É nesse efeito montanha-russa, advindo da paixão, que a personalidade border se revela em sua plenitude. A frustração provocada por uma briga ou mesmo um término de namoro costuma ser o gatilho mais comum para que os borders mostrem toda a sua disfuncionalidade afetiva. Nessa fase de ruptura amorosa, eles costumam abusar de substâncias químicas (álcool, drogas e remédios controlados), desenvolver transtornos alimentares (anorexia ou bulimia nervosas), apresentar sintomas depressivos importantes e até atentar contra a própria vida. É nessa fase que a busca por ajuda profissional acontece, em geral por familiares (mãe, pai, irmãos) e amigos mais próximos que ficam bastante apreensivos com a mudança repentina e profundamente autodestrutiva que essas pessoas passam a exibir.

A vida afetiva dos borderlines

Para que o leitor entenda as profundas dificuldades afetivas vivenciadas pela personalidade borderline, é preciso explicar a essência de toda essa disfuncionalidade. Como já dito, essas pessoas apresentam instabilidade de humor, hiper-reatividade em relação a pequenos ou insignificantes problemas do dia a dia, baixíssima autoestima, acessos de raiva frequentes e, sobretudo, um senso de identidade inconsistente. Todas essas características são capazes de tornar as relações interpessoais muito difíceis; no entanto, a que mais me chama a atenção, e que, no meu entender, faz das relações interpessoais dos borders uma verdadeira montanha-russa com *loopings* intermináveis, é a *ausência* de identidade que esses indivíduos apresentam. Ausência talvez seja uma palavra forte demais e não traduza a situação com precisão, por isso achei mais adequado utilizar a expressão *fluidez de iden-*

tidade ou *identidade fluida* para essa fragilidade pessoal das personalidades borders.

É exatamente desta forma que percebo todo o universo de insegurança, medo e desespero que os borders manifestam em suas relações, em particular as mais íntimas e significativas. Sem saberem quem realmente são, do que são capazes e de como devem se portar para agradar os demais e evitar a rejeição, esses indivíduos tendem a ver no outro partes ou características que gostariam de ser ou possuir. Assim, costumam "aderir" às pessoas que admiram, de forma real ou idealizada, estabelecendo com elas laços de dependência que visam compor uma identidade não encontrada dentro de si mesmas. Habitualmente, essa identidade é "importada" de alguém com quem o contato afetivo é mais próximo e recente. Também pode ocorrer de essa identidade ser composta por características diversas "importadas" de várias pessoas, sobretudo quando um border frequenta um grupo novo de amigos. Nesse último caso, sua identidade se assemelha a uma colcha de retalhos costurada a partir das características valorizadas de cada indivíduo de seu convívio. O border assume a maneira de se vestir de um, a forma de falar e os conteúdos teóricos de outro, e assim sucessivamente, até que se componha algo semelhante ao que ele interpreta ser um conjunto de qualidades bem-aceitas com chances reduzidas de abandono e/ou rejeição.

Em função dessa fluidez de identidade, o border tende a incorporar, de maneira intensa e muito rápida, hábitos, valores e comportamentos das pessoas com as quais estabelece relações afetivas, especialmente daquelas com quem desfruta de um convívio mais frequente.

É comum a pessoa border virar pagodeira, vegetariana, budista, evangélica, naturalista, desportista ou capoeirista ao namorar alguém envolvido em algumas dessas práticas.

A identidade fluida revela a maior das feridas dos borderlines: uma total incapacidade de coexistirem dentro de si mesmos, gostarem de ser quem são e de exercerem o seu eu mais verdadeiro e profundo.

Em "não sendo", essas pessoas vivem e se relacionam como seres voláteis, que estão em constante mudança de estados emocionais. Para os borders não há meio-termo quando se trata de relacionamentos interpessoais; vivem em eterna dicotomia afetiva, que oscila o tempo todo entre dois polos: amam ou odeiam, idolatram ou abominam, conforme se julgam protegidos ou rejeitados pelas pessoas de seu convívio. Esse idolatrar e posterior odiar e desconfiar permeia todos os relacionamentos dos borderlines, tornando a convivência frequente com eles algo absolutamente instável, desgastante e, muitas vezes, adoecedor. E é por isso que as pessoas mais chegadas costumam dizer que esse convívio é um eterno "pisar em ovos". Essas mudanças repentinas no trato com os indivíduos ao seu redor estão sempre associadas a percepções e julgamentos distorcidos que os borders fazem em relação aos comportamentos dos familiares, amigos ou colegas de trabalho. Lidar com os borders cotidianamente é uma experiência bastante exaustiva.

As relações amorosas dos borders

Os relacionamentos amorosos dos borderlines não poderiam deixar de apresentar as mesmas características dos relacionamentos interpessoais que englobam contatos mais frequentes ou íntimos, uma vez que são pautados nos mesmos moldes. A maneira de ser dos borders (impulsivos, hiper-reativos, instáveis), em geral, leva a relações tempestuosas, conflitantes e autodestrutivas. Essas pessoas exigem constantemente a atenção do parceiro e necessitam desse amor para preencher a sensação crônica de vazio e legitimar sua própria existência. Tentam a todo custo vigiar e controlar os passos e os pensamentos do outro pelo medo excessivo do abandono. No entanto, as tentativas de controle exacerbado aliadas às demais características dos borders são geradoras de brigas, humilhações e ações desrespeitosas frequentes e extremamente desgastantes para o casal. Dessa forma, os borders criam um ciclo vicioso de rejeição, o que leva o parceiro a se afastar e tornar a relação insustentável. Assim, aquilo que eles mais temem se concretiza de fato. Para o border, perder o outro é perder a si mesmo, é deixar de ser.

Ainda na vida a dois, os borderlines costumam apresentar intenções de ser amantes protetores e cuidadosos já nos primeiros encontros e, como consequência dessa postura, exigem que o parceiro compartilhe fatos extremamente íntimos de épocas passadas e atuais. Solicitam que o outro passe muito tempo junto deles e usam diversas artimanhas para conseguir esses feitos. De forma paradoxal, ao terem todas as suas solicitações atendidas pelos parceiros recentes e, em geral, apaixonados, os borders agem como se tudo fosse pouco e insuficiente e, ao mesmo tempo, não se sentem empaticamente dispostos a retribuir todas as concessões recebidas. Na matemática amorosa dessas pessoas, elas têm tudo para receber e bem menos a doar.

Na peça teatral que é a vida amorosa dos borders, eles são sempre os astros principais e todos os demais são atores coadjuvantes que devem estar prontos para apoiá-los nos seus "solos" dramáticos e intensos. Possuem um ego infantil e temperamental que não tolera a separação, a ausência e o vazio, e lidam com essas situações com desespero, angústia e muita impulsividade.

Demonstram total falta de bom senso e equilíbrio para superar os conflitos básicos inerentes às trocas amorosas.

Se pensarmos no amor verdadeiro como um elo forte que existe e conecta o melhor e o mais sincero de uma identidade a outra, podemos entender a grande dificuldade que a personalidade borderline tem para amar de verdade. Com uma identidade pouco consistente, fluida em sua essência e, por isso mesmo, instável, a construção, o estabelecimento e a manutenção dessa "ponte" de emoções e sentimentos com o outro se tornam algo muito difícil de acontecer. Como os castelos de areia construídos à beira-mar, o "amor" borderline é sujeito às ondas que, inevitavelmente, desmancham seus alicerces. A identidade fluida dos borders vive à mercê das ondas emocionais que se formam constantemente em seu interior.

Da mesma forma que o border oscila quanto à percepção e ao juízo que faz do outro, ele também se avalia e se autopercebe de maneira bastante instável. Sua vida é repleta de súbitas mudanças de opinião, planos, carreiras profissionais, valores, escolhas de amizades e até de parceiros sexuais.

Mesmo mostrando tamanha complexidade no campo das relações amorosas, os borderlines, em geral, apresentam uma vida a dois significativa; a maioria tem boas histórias de amor para contar, mesmo que muitas delas tenham durado pouco tempo. Mas uma coisa é certa: nenhuma delas foi monótona, pois, em se falando de amor e border, o que não falta é emoção, intensidade e muitos "acontecimentos"!

Os borders, porém, costumam atrair nas suas relações amorosas parceiros com determinados perfis de funcionamento mental que tendem a se moldar aos seus sintomas mais disfuncionais. Como exemplos dessas relações interpessoais de caráter mais íntimo, destaco os perfeccionistas com "traços" obsessivo-compulsivos,[1] os narcisistas e os psicopatas (dentre eles estão os leves, os moderados e os graves).[2] Para que haja um melhor entendimento sobre essas parcerias, procurei detalhar, mesmo que de forma resumida, um pouco mais sobre cada uma delas:

1. Perfeccionistas com traços obsessivo-compulsivos

Por serem mais reprimidos, organizados e pouco habilidosos nas manifestações emocionais, podem facilmente se encantar e até ser seduzidos pelos borders. Enxergam neles uma exuberância de emoções, as quais podem servir de ingredientes necessários para que consigam também exprimir suas próprias insatisfações, frustrações ou mesmo a agressividade.

Para indivíduos muito certinhos, a convivência com o universo border, especialmente no início da relação, pode configurar um grande espetáculo artístico de luzes, cores, ação e muita emoção. Além dessa sedução pelo jeito superlativo dos borders, os perfeccionistas se julgam capazes, por meio de seu amor e caráter retilíneo, de suprir afetivamente todas as dificuldades existenciais que o parceiro border possui e almejam transformá-lo em uma pessoa mais estável e adequada. Porém, o grande problema do perfeccionista é entender que existem coisas que não dependem dele, essa personalidade busca de forma obsessiva a superação e a "vitória" sobre seus desafios. Para o border, o perfeccionista representa o incansável porto seguro, onde ele pode atracar suas

---

1   Ver livro *Mentes e manias: TOC – transtorno obsessivo-compulsivo*, capítulo 10, "Cognição, organização e transformação (COT)", de Ana Beatriz Barbosa Silva.
2   Ver *The narcissistic/borderline couple: a psychoanalytic perspective on marital treatment*, de Joan Lachkar; *Women who love psychopaths*, Sandra L. Brown, e *How to avoid dating damaged women*, de Sandra L. Brow.

inseguranças e vazio interno. Já para o perfeccionista, a pessoa border é o objetivo maior a ser alcançado, a obra preciosa em estado "bruto", ainda a ser lapidada e finalizada com trabalho duro, mas que será recompensador.

O caso a seguir ilustra bem essa união entre um perfeccionista (obsessivo) e uma borderline:

> Gabriel e Marcela começaram a namorar ainda no período de faculdade. Ele cursava Engenharia e ela, Farmácia. Gabriel era estudioso, superorganizado, certinho, reservado e muito preocupado com o bem-estar da família (pais, irmãos e, mais recentemente, uma sobrinha). Marcela, embora bastante inteligente, era desorganizada, faltava às aulas, esquecia os horários, fumava maconha, tinha pouco contato com a família, mas era sempre atenciosa com Gabriel. De certa forma, ela sempre movimentava a relação com surpresas e aventuras, quebrando a rotina de poucos prazeres de Gabriel e trazendo outro sentido à vida dele.
>
> Em pouco tempo eles se formaram, Gabriel começou a trabalhar numa boa empresa. Os dois se casaram e alugaram um apartamento para viver como dois pombinhos apaixonados.
>
> O tempo passou e Marcela não parava em empregos, foi se mostrando cada vez mais intempestiva, de humor instável, ciumenta, e se enfurecia quando algo não saía da forma que esperava. Além da maconha, passou a beber e a usar tranquilizantes.
>
> Gabriel, preocupado, cuidava das coisas dela, organizava documentos, Imposto de Renda, contas etc. Tudo "como manda o figurino"; só queria vê-la feliz.
>
> Vez por outra, Marcela dormia fora de casa, motivo de muitas brigas e separações do casal, mas sempre voltavam às boas quando ela, desesperada, ligava obsessivamente dizendo que a vida não fazia sentido sem ele e que pensava em se matar. Gabriel se

sentia culpado pelo fracasso na relação; imaginava que se ela agia assim era porque ele não tinha conseguido suprir suas carências.

Gabriel a acolhia e cuidava de sua mulher tal como uma missão de vida. Ele precisava vencer essa batalha de pegar uma pessoa totalmente descarrilada e colocá-la de volta nos trilhos.

2. Narcisistas e psicopatas[3]

Eles apresentam muitas características de personalidade em comum e dentre elas destaco o egocentrismo, a vaidade e a megalomania, como os principais componentes responsáveis por suas autopercepções distorcidas e com descabida valorização de si mesmos. Para esses indivíduos não existem seres mais inteligentes, perspicazes e irresistíveis que eles. Na relação afetiva com o outro, os narcisistas e os psicopatas buscam, respectivamente, valorização/adoração pessoal e "súditos" a serviço dos exercícios de suas vontades, manipulações e prazeres. Dessa forma, podemos concluir que não existe qualquer empatia para com seus parceiros. Estes são meros objetos em uma convivência que resulta em quase tudo, menos no exercício de uma afetividade qualitativa, em que ambos os parceiros deveriam se desenvolver positivamente.

Diante do que foi exposto sobre esses indivíduos, a ligação dos borders com essas personalidades é facilmente explicável. Os borders enxergam os narcisistas como pessoas fortes e possuidoras de autoestima elevada e, portanto, aptas a lhes fornecer um molde existencial a ser admirado e seguido. Com relação aos

---

[3] Tema do livro *Mentes perigosas: o psicopata mora ao lado*, de Ana Beatriz Barbosa Silva.

psicopatas, essa visão de uma personalidade bem "constituída" ou "estruturada" é maior ainda, pois, além de se mostrarem egocêntricos e megalomaníacos, eles costumam apresentar uma eficácia na execução de seus objetivos práticos, especialmente os de caráter material, e têm grande habilidade na sedução afetiva. De forma quase hipnótica, os borders enxergam esses parceiros ideais para dar consistência à sua existência, além de se sentirem "importantes" como coadjuvantes na caminhada deles rumo à obtenção de seus objetivos. Os borders se prestam a tudo e suportam violências psicológicas e/ou físicas para auxiliar os parceiros a realizar sonhos de ascensões profissionais e sociais, em uma nítida ação desenfreada que visa evitar, a qualquer custo, o abandono. Com um mínimo de racionalidade, podemos concluir que os ingredientes que compõem as parcerias amorosas entre essas personalidades são, em sua maioria, idealizações e fantasias por parte dos borders que, de forma alguma, se constituem em relações sólidas e interações "amorosas" verdadeiras.

O caso a seguir mostra uma relação entre uma mulher borderline e seu parceiro, cujo perfil é muito compatível com o de um psicopata:

> Vanessa e Sérgio são casados há quase 16 anos e têm uma filha de 13. Ele é um homem inteligente, muito vaidoso, elegante e empresário bem-sucedido no ramo imobiliário. Ela, uma mulher bonita, artista plástica talentosa, mas muito ciumenta, possessiva e que já tentou suicídio. Sérgio vive em negociações escusas em sua empresa e, por inúmeras vezes, Vanessa ouviu conversas sobre falsificações de documentos, corrupção, contas bancárias no exterior e até sobre ligações com pessoas muito perigosas. Ela também sabe que Sérgio mente de forma contumaz e mantém relacionamentos com outras mulheres.

Vanessa vive fazendo cobranças, que geram brigas homéricas, muitas vezes com agressões físicas. Extremamente passional, ela não consegue se conter diante das traições do marido e, em momentos de descontrole, faz ameaças de contar à filha e aos amigos tudo o que sabe sobre as falcatruas dele. Em contrapartida, Sérgio, insensível, pouco se abala com o desespero de Vanessa; apenas diz que se ela abrir a boca estará encrencada também, já que eles são casados. Além disso, irá perder a vida confortável e desestabilizar a filha.

Certo dia, a filha teve uma conversa franca com Vanessa. Disse que não era mais criança e sabia muito bem o que estava acontecendo, que o casamento era somente de fachada para que seu pai pudesse mostrar à sociedade uma família exemplar. Desconfiava que ele não era um homem bom e não aguentava mais vê-la sofrer daquela forma. Porém, não conseguia entender por que, depois de tanto tempo, ela ainda se submetia a tantas humilhações: "Mamãe, você ainda é jovem e muito talentosa, pode ser independente, sem precisar do papai, eu estou do seu lado", disse a menina. Vanessa respondeu: "Não sei te explicar, querida. Por mais que eu saiba disso tudo, eu necessito do seu pai até para respirar, sou capaz de tudo para ficar com ele. Não posso imaginar minha vida sem o Sérgio."

Vale a pena destacar aqui uma parceria amorosa que também pode ser englobada na categoria border/psicopata. Diz respeito às mulheres que se apaixonam e mantêm uma relação intensa e duradoura com homens condenados pela justiça, que vivem em penitenciárias. Muitos deles são criminosos perigosos, que cometeram homicídios diversos e com graus impressionantes de frieza e perversidade. Um dos exemplos mais expressivos aqui no Brasil é o caso de Francisco de Assis Pereira, conhecido como o Maníaco do Parque. Francisco foi responsável pela morte de diversas mulheres jovens, em rituais sexuais que envolviam sedução manipulatória, relações sexuais violentas e enforcamento das vítimas. O mais espantoso é que, durante anos, Francisco foi "campeão" absoluto de cartas românticas que chegavam ao presídio. Cartas de mulheres dispostas a se relacionar e até se casar com o assassino confesso. Francisco chegou a se casar com uma delas no próprio sistema prisional. Muitos outros presos recebem cartas com o mesmo teor romântico e com propostas de namoro, casamento ou mesmo amizade incondicional.

Pode parecer absurdo o fato de estupradores ou assassinos em massa serem desejados e disputados como parceiros de uma vida. Acredite, existem mulheres dispostas a isso. O jornalista Gilmar Rodrigues, autor do livro *Loucas de Amor*, durante quatro anos de pesquisas e entrevistas em presídios acompanhou algumas dessas mulheres e fez estudos das inúmeras trocas de cartas. Ele relata casos de mulheres que fazem verdadeiros sacrifícios para estarem com seus "amores" nos dias estipulados de visitas e como elas se sentem atraídas por eles. A maioria delas acredita que os amados são seres especiais que foram injustiçados, e que podem ter com eles uma vida plena e feliz quando forem libertados após o término de suas penas.

Essas mulheres apresentam algumas características em comum: são bastante permissivas e obsessivas em conseguir uma relação amorosa estável; apresentam baixa autoestima e senso de identidade muito reduzido; buscam atenção exclusiva de seus parceiros; tendem a fantasiar de forma intensa seus objetos de desejo, bem como o rumo das relações. Apresentam, ainda, um perfil de cuidadoras e provedoras familiares, têm no "amor" seu maior objetivo de vida e são bastante focadas na obtenção desse fim. Costumam seguir preceitos religiosos que destacam a importância do matrimônio, são de níveis variados de escolaridade e classes sociais; muitas possuem história de abuso sexual na infância ou de negligência e, por fim, todas têm a esperança fervorosa (quase como um movimento de fé) de recuperar, mudar e transformar seu parceiro.

Se analisarmos bem as mulheres que se envolvem com psicopatas graves, observamos que elas têm em sua essência comportamental a disfuncionalidade afetiva, que pode ser resumida em dois aspectos principais: a identidade afetiva quase inexistente; e a fantasia, quase delirante, de que são capazes de transformar o "mal" em "bem", por meio do "amor" que estão dispostas a dar, sem limites.

Aparentemente, essas mulheres diferem um pouco das borderlines descritas ao longo do livro. Elas parecem mais centradas, determinadas e fortes no caminho de recuperar e transformar seus amados, e a estabelecer com eles relações estáveis e duradouras. No meu entender, todas são borders em essência, com suas identidades fluidas, em busca de alguém a quem possam "aderir" e por ele viver. O fato de escolherem homens que cumprem penas elevadas, a maioria com condenação máxima, revela a maneira mais eficaz de "controlar" e ter a certeza de que seus amores não irão rejeitá-las ou abandoná-las. Os encontros esporádicos (em geral, uma vez por semana) e de curta duração proporcionam uma convivência rápida, superficial e desprovida de conflitos ou frustrações.

A ideia alimentada de serem responsáveis pela transformação desses homens em "homens de família" dá a elas um poder ilusório que alimenta sua autoestima insignificante. Mas, no fundo, são mulheres borders que, na outra face da mesma moeda, apresentam o lado bem mais perigoso e doentio, pois, sem perceberem, desistiram da vida real, dos amores possíveis e construtivos para se devotarem a uma causa inglória e perdida.

Tudo isso me faz refletir que, se toda essa dedicação fosse canalizada a causas justas e solidárias, possivelmente cada uma dessas mulheres poderia ser uma espécie de Madre Teresa de Calcutá e, certamente, o mundo e a espécie humana ganhariam muito com isso. Talvez um dia elas percebam que suas devoções ao amor podem ser muito mais transformadoras tanto para elas quanto para milhares de pessoas que precisam e merecem.

Existe uma espécie de "espectro borderline" que varia em tons e matizes que vão desde o jeito de estar, parecer ou ser border.

7
SER, ESTAR OU PARECER BORDERLINE: TUDO SE ASSEMELHA, MAS CADA COISA TEM SEU LUGAR

Antes de começarmos este capítulo devemos recorrer a um passado, não tão recente em relação à vida de cada indivíduo, mas muito próximo se pensarmos em termos de espécie humana.

Indiscutivelmente somos animais com certo grau de sofisticação; no entanto, nosso cérebro, como o conhecemos hoje na forma *Homo sapiens*, é um órgão em plena evolução, pois ele só completou 100 mil anos há pouco tempo. Parece muito, mas se compararmos aos dinossauros, que habitaram nosso planeta por 160 milhões de anos, concluiremos, sem qualquer esforço mental, que nossa estrutura cérebro-mente ainda se encontra em plena infância na história evolucionária das espécies. Portanto, nosso cérebro ainda é uma obra em andamento e, como tal, está sujeito a adaptações e mudanças que o próprio processo evolutivo trará – algumas positivas e outras nem tanto assim.

Como se não bastasse nossa condição de animais submetidos às regras universais da evolução, ainda somos submetidos a diversas transformações biológicas durante todo o processo de desenvolvimento individual, que se inicia no momento exato de nossa concepção, ou seja, aquela fração de tempo em que o espermatozoide e o óvulo se encontram e acionam a cascata irreversível da "construção" de um indivíduo. No momento da concepção, diferenças minúsculas na passagem de todo o material genético materno e paterno para o novo ser podem gerar e resultar em significativas diferenças no desenvolvimento final do complexo cérebro-mente de cada pessoa.

Durante o crescimento do feto dentro do útero materno, milhares de alterações biológicas podem ocorrer (devido a mudanças hormonais, alimentação, viroses, uso de drogas, tabagismo, situações de estresse agudas ou prolongadas etc.), e todas poderão gerar diferenças importantes no funcionamento cerebral futuro de cada indivíduo. Além dessas barreiras, nosso cérebro passa por mais dois grandes desafios em fase bem precoce.

A primeira acontece antes do nascimento (em média de um a dois meses). O cérebro do feto passa por um complexo processo de migração neuronal. Isto é, milhões de neurônios são realocados para "fortalecer" áreas nobres que serão mais exigidas na fase pós-útero.

Depois, logo após o nascimento, inicia-se um processo de "lapidação" neuronal, que reduz o número de células cerebrais. Não sabemos a razão exata dessas mudanças, mas o fato é que elas acontecem e nos expõem a toda a complexidade do desenvolvimento cerebral até os primeiros meses de vida de um bebê.

Os desafios cerebrais não terminam depois dos primeiros meses do nascimento; na realidade, a saga está apenas começando, e pode ser escrita e reescrita inúmeras vezes, durante toda a vida. Uma das mais valiosas verdades da história de cada um de nós é que a biologia cerebral (incluam-se aqui a bioquímica e a plasticidade) não é plenamente determinada no nascimento: ela se desenvolve também em resposta ao ambiente que se encontrará ao nosso redor. Isso significa que experiências vitais positivas ou dolorosas deixam suas marcas não somente em nossas "almas", mas em nossa função cerebral.

Por tudo que foi visto até aqui, é possível afirmar que, seja por motivos inatos – evolução da espécie, transmissão genética, processos cerebrais de ajustes intrauterino e na fase do recém-nascimento –, seja pelos inevitáveis desgastes e traumas da vida, todos podemos ter fraquezas ou disfunções mentais. A neuropsiquiatria, apoiada nos avanços da neurociência, está descobrindo que grande parte do que julgávamos dever-se à má-educação ou a traumas infantis na verdade sofre profunda influência da genética, da estrutura e da neuroquímica de nossos cérebros.

Há quase um século, Sigmund Freud afirmou: "Toda pessoa só é normal na média; seu ego aproxima-se do psicótico em uma ou outra parte, em maior ou menor extensão". Hoje a neurociência prova que Freud estava certo: provavelmente inexiste a pessoa "normal", no sentido de ter um cérebro perfeito em que cada região e função se harmonizem de forma igualitária. Esse cérebro perfeito talvez seja uma impossibilidade lógica: uma pessoa genial ou muito talentosa em determinada área de conhecimento ou habilidade se desenvolve como resultado de déficits (ou fraquezas) em outra. Um gênio em matemática ou física em geral apresenta poucas aptidões linguísticas ou habilidades sociais. De certa forma, "pagamos" pelo nosso talento, tanto cognitivo quanto emocional, com perdas "relativas" em funções mentais. É o velho ditado popular: "Não se pode ter tudo na vida", e isso não é necessariamente ruim, se soubermos tirar o máximo de benefícios de nossos talentos e, ao mesmo tempo, administrarmos nossas limitações e seus efeitos desfavoráveis.

Transtornos sérios e suas formas mais brandas ou atitudes pontuais

Diante da complexidade da formação e do desenvolvimento cerebral, fica evidente o quão difícil é o estabelecimento de um diagnóstico psiquiátrico em todas as suas nuances. Muitas pessoas leigas costumam consultar tabelas de sintomas, ou realizar testes empíricos em busca de respostas para suas angústias e seus desconfortos vitais, incorrendo em erros. Quando nos deparamos com transtornos sérios e graves, nos quais os sintomas são mais perceptíveis em intensidade e em quantidade, a situação fica mais simples em termos de diagnóstico, pois os critérios estabelecidos pelos manuais da Associação de Psiquiatria Americana (APA) ou da Organização Mundial de Saúde (OMS) são plenamente preenchidos.

Dessa maneira, o diagnóstico é estabelecido de forma inequívoca. Isso vale para todas as alterações do comportamento humano, uma vez que a diferença entre o diagnóstico clássico e francamente disfuncional ocorre de forma quantitativa, e não qualitativa como a maioria de nós poderia supor. Trocando em miúdos, poderíamos afirmar que a maioria das pessoas apresenta algumas características de transtornos mentais bem-estabelecidos, mas não em quantidade e intensidade para receberem um diagnóstico preciso.

Em relação ao transtorno de personalidade borderline, muitas dúvidas podem ocorrer quando observamos os diversos sintomas afetivos, comportamentais e mesmo cognitivos que essas pessoas costumam apresentar. Ao ler o Capítulo 2, onde uma visão mais detalhada desses sintomas é apresentada, muitos podem se sentir confusos e se fazer as seguintes perguntas: "Será que meu ciúme exacerbado me faz um border?", "Será que aquele amigo sempre tão instável e dado a explosões de raiva repentinas é borderline?". Esses questionamentos são naturais e costumam surgir quando percebemos que nós mesmos ou alguém de nosso círculo de convivência íntima se encaixa bem em algumas características descritas no transtorno de personalidade borderline, mas não em sua maioria. Em alguns casos, inclusive, uma ou outra característica pode ser vista como o contrário do comportamento observado em alguém ou percebido em si mesmo. O transtorno de personalidade borderline varia grandemente em intensidade, nas características e na forma como se manifesta. Isso sem deixar de considerar as variações típicas das faixas etárias, como observamos nas crianças e nos adolescentes. Podemos afirmar que existe uma espécie de "espectro borderline" que varia em tons e matizes que vão desde o jeito de *estar, parecer* ou *ser border*.

Estar border

O *estar border* pode ser facilmente compreendido por qualquer um de nós que já sofreu a dor de um amor desfeito. Nessas horas de frustração afetiva, as pessoas tendem a apresentar humor instável e depressivo, ter acessos de saudade, raiva, mágoa, sentimentos autodepreciativos, hipersensibilidade emocional e a sensação de que a vida não tem graça sem nosso amor perdido. É a clássica fossa, dor de cotovelo ou deprê do pós-término. Nesse momento de vida, todos experimentam um *estado border* de ver e sentir a vida. É a fase do *muito*: muita choradeira, muita vontade de ficar sem fazer nada, muita música triste, muito pensamento negativo, muita lembrança, muita saudade, muita dor... O *estar border* sempre se restringe a uma situação, na qual nos sentimos rejeitados, fortemente frustrados ou estressados em demasia. Passado algum tempo, pouco em geral, tendemos a nos reorganizar e seguir em frente.

Um exemplo de uma pessoa em estado border pode ser visto no depoimento de Rosângela, jornalista, 27 anos:

> Depois de dois anos vivendo com Carlos, descobri que ele me traiu. Não sabia como agir diante de uma situação que jamais imaginei passar. Considerava nossa relação estável, tantas vezes trocamos afetos verdadeiros e juras de amor eterno. Chorei, gritei, expulsei ele de casa, acabou. Foram cenas patéticas! Passei me-

ses sem conseguir me concentrar em nada, chorava todos os dias, ligava pra ele, pedia pra voltar, batia o telefone, bebia pra esquecer, "alugava" os ouvidos dos amigos. Minhas companhias diárias eram as músicas de amor perdido, de vingança, ou apenas tentar lembrar dos tempos bons; era uma forma de não esquecê-lo. Que dor, meu Deus!

Parecer border

O *parecer border* já implica um jeito de ser e agir que lembra a personalidade borderline, mas essas pessoas não preenchem os critérios diagnósticos necessários para serem classificadas como portadoras do transtorno propriamente dito. Elas apresentam, inequivocamente, alguns sintomas característicos do transtorno ou, ainda, vários deles. No entanto, a intensidade e a frequência dos mesmos são insuficientes para caracterizar o caso clássico de personalidade borderline. Em situações como essa, costumamos usar o conceito de "traço".

Mas o que é um traço? Quando olhamos um desenho tracejado, com suas linhas descontínuas e formas incompletas, conseguimos entrever sua totalidade. Podemos saber o que está desenhado, embora vejamos claramente que o desenho não está completo. O que vemos são traços, mas já há uma forma ali. De maneira análoga, quando colhemos informações de um paciente, tentamos estabelecer um diagnóstico seguindo a direção para a qual estas nos guiam. Em determinadas situações conseguimos estabelecê-lo de forma precisa, porém, na maioria das vezes, esse processo é mais complexo e não conseguimos o diagnóstico de forma definitiva.

Assim, os traços formam o esboço de algo, mas não são suficientes para se fazer a "arte final". Porém, não podemos esquecer que o esboço não é uma figura amorfa, ele sempre diz algo ou aponta para algo. Saber identificar os traços de um transtorno pode ser tão transformador e produtivo quanto fazer um diagnóstico preciso. As pessoas que procuram ajuda terapêutica em consultórios e ambulatórios psiquiátricos, em sua grande maioria, não podem nem devem ser classificadas em uma categoria diagnóstica preestabelecida, mas certamente todas precisam e buscam ajuda para seus desconfortos.

O fato de alguém apresentar traços do transtorno borderline não significa que não precise de atenção, orientação e até de tratamento. O que determina a necessidade de tratamento em um indivíduo com traços borders não é o fato de ele ter ou não ter um transtorno psíquico, e sim o fato de ele apresentar níveis significativos de desconforto vital que permeiam e limitam sua vida e a das pessoas com as quais ele mantém uma convivência mais próxima.

Para se ter uma ideia de como duas características borders podem ser suficientes para ocasionar muitos problemas cotidianos, cito a dificuldade de se manter relações interpessoais estáveis e a forte tendência a se estabelecer dependência afetiva que, em geral, está presente em pessoas com traços borders. Apenas esses dois sintomas não configuram o transtorno em si, mas pela minha experiência clínica e observação empírica, mais da metade das consultas psicológicas ou psiquiátricas está relacionada a problemas de dependência afetiva. Na maioria dos casos, essas pessoas têm consciência do quanto suas relações são nocivas e procuram ajuda especializada justamente por não se sentirem capazes de dar um basta na situação. A obstinação em manter uma relação sem cabimento acaba por trazer prejuízos em outros setores da vida dessas pessoas, como o profissional, o social ou o familiar. O resultado disso: muito sofrimento, desconforto, baixo desempenho no trabalho, pensamentos obsessivos, desentendimentos e brigas com amigos e familiares. E assim vai, ladeira abaixo, a estabilidade vital.

Por incrível que pareça, as pessoas que apresentam traços borders e não o transtorno clássico costumam manifestar um nível de sofrimento mais elevado que as personalidades borderlines. Isso é fácil de entender, já que elas têm níveis de consciência e autoavaliação bem mais expressivos e funcionais que as "versões" mais completas, isto é, quem sofre do transtorno de personalidade borderline propriamente dito. Dessa forma, a percepção de sucessivas frustrações afetivas e das consequências advindas delas desencadeia sentimento de vergonha, autodepreciação e até quadros depressivos. Em contrapartida, a autopercepção mais eficaz torna essas pessoas mais suscetíveis a buscar e a aceitar ajuda especializada. Por esse aspecto, elas tendem a apresentar ótimos resultados terapêuticos e muitas conseguem alcançar mudanças expressivas em suas vidas.

Esse comportamento pode ser observado no depoimento de Sandra, uma empresária bem-sucedida, de 32 anos, que me procurou depois de muito tempo de sofrimento com seu parceiro:

> Perdi as contas de quantas vezes ele me abandonou e eu o aceitei de volta. Nós estamos juntos há mais de seis anos, ele não trabalha e sei que ainda está comigo só porque eu banco o conforto dele. Realmente, ele tem tudo o que quer: roupas, relógios, carro, moto, tudo! Nos dois primeiros anos a relação era um mar de rosas, mas depois percebi que ele foi se afastando, namorando outras mulheres, me envergonhando na frente de outras pessoas. Já me humilhei demais, não sei o que fazer, minha autoestima está no pé. Sou ciumenta, reconheço, nossas brigas são intermináveis e, mesmo sabendo que ele não me ama, ainda prefiro viver assim

do que ficar longe dele. Isso não pode ser normal. Como me livrar desse vício, doutora?

Ser border

Sobre essa questão não há muito o que descrever aqui, pois *ser border* é o mesmo que ter o transtorno de personalidade borderline, já detalhadamente apresentado e exemplificado no Capítulo 2.

Um pouco mais sobre o traço border: "o lado quente do ser"

Como descrito no início deste capítulo, ter um cérebro perfeito, cujas áreas e funcionamentos sejam homogêneos, sem nenhuma falha, é uma impossibilidade científica. De certa forma, essa realidade de "normalidade" de ser imperfeito faz com que cada cérebro apresente seus déficits e também seus superávits. É comum e até previsível nos depararmos com pessoas que embora não apresentem nenhuma forma desenvolvida ou explicitamente manifesta de algum transtorno mental, tenham traços de um ou outro transtorno.

No que tange à personalidade borderline, traços leves ou até moderados poderiam, de alguma forma, dotar o indivíduo de certas habilidades singulares como uma hipersensibilidade artística expressa em cantos, letras, melodias, pinturas, poesias, escritas ficcionais, interpretações de personagens diversos, oratórias contagiantes e entusiasmadas, retóricas desafiantes. É absolutamente compreensível a facilidade artística dessas pessoas, já que possuem uma verdadeira ebulição emocional repleta de sentimentos e sensações e, ao mesmo tempo, apresentam uma autoimagem e uma identidade muito frágeis e inconstantes.

Uma matemática simples pode resumir essa situação: emoções diversas e intensas + identidade flutuante e por vezes inexistente = elevado poder de *ser veículo* de variadas manifestações artísticas. É bastante comum admirarmos o trabalho de artistas com esse traço de personalidade. Eles conseguem nos despertar emoções tão profundas e intensas, que vê-los em *ação* é como entrar em contato com sentimentos e sensações que só nos é possível imaginar, pois temos grandes dificuldades de vivenciá-los no dia a dia. A arte produzida dessa forma nos faz transcender o senso comum e, nesse aspecto, o traço border é imbatível!

Determinados atores, por exemplo, necessitam de um papel e roteiro traçados, não somente para exercer suas habilidades inatas de forma plena, mas especialmente para que suas vidas ganhem mais sentido. Na ficção, eles representam e vivenciam intensamente uma história na qual há começo, meio e fim, algo que, muitas vezes, não encontram em suas vidas reais, em função de suas identidades fluidas. Cada personagem acaba por se tornar a razão de sua existência e com objetivos (roteiro) estabelecidos.

Quando me refiro a esse aspecto interessante no traço border, não excluo, em absoluto, os borders legítimos; isto é, aqueles que têm o transtorno clássico. Estes também possuem essa tendência artística, até em graus mais elevados. No entanto, os portadores do transtorno costumam ser tão mais instáveis, intensos e disfuncionais, que suas carreiras tendem a ser marcadas não somente pelo brilhantismo de suas performances artísticas, mas também e, infelizmente em alguns casos, até mais marcados por escândalos, drogas, sexo e *rock and roll*. Eles fazem trabalhos extraordinários, porém de forma pontual, e suas carreiras são permeadas de altos e baixos profundos, assim como suas vidas afetivas e suas relações interpessoais em geral. No Capítulo 9, abordarei alguns desses grandes talentos instáveis, polêmicos e tão autodestrutivos.

Por essas razões, as pessoas com traços borders costumam ter a vida profissional mais estável e, quando construída em cima de um talento artístico *testado e reconhecido*, os próprios desafios ou dificuldades a serem enfrentados e transcendidos na trajetória laborativa do indivíduo transformam-se em parâmetros ou guias eficazes para que ele tenha um alicerce básico para sua identidade e sua estabilidade vital.

Quando tratamos uma pessoa com traço border, o que fazemos de fato é aumentar seu poder de autoavaliação, dotá-la de mecanismos próprios e eficazes de enfrentar suas disfuncionalidades e conduzi-la ao exercício persistente e desafiador de seus melhores talentos. É como se desenvolvêssemos nela o "vício" positivo e terapêutico de ser e exercer a sua melhor face. Isso cria identidade pessoal, melhora a autoavaliação e abre caminho para que as relações interpessoais sejam mais estáveis.

O desafio de tratar o indivíduo com o transtorno de personalidade borderline clássico é bem maior e árduo, como será visto no capítulo dedicado ao tratamento dos diversos aspectos desse transtorno.

O "estado instável e desassossegado" de uma pessoa borderline gera um profundo sofrimento que aparenta não ter fim, tanto para ela quanto para todas as pessoas de seu convívio mais íntimo.

8
TRATAMENTO BORDER: NEM TUDO QUE QUEREMOS É O MELHOR PARA NÓS MESMOS

Por tudo que foi visto até aqui, fica claro que uma pessoa com o funcionamento borderline vive em um verdadeiro redemoinho de emoções e sentimentos, tal qual navegadores em dias de tempestades ou maremotos.

Diante disso, pode parecer impossível imaginar que exista um tratamento eficaz que dê conta de tanta complexidade. Os próprios pacientes muitas vezes descrevem essa descrença, uma vez que a maioria deles não consegue identificar onde, quando e como um sentimento, pensamento ou comportamento se inicia ou se finda. Para eles, a vida sempre foi assim: um caos interno ou externo sem um porquê identificável de fato. O mal-estar gerado por esse "estado instável e desassossegado" traz, de fato, um profundo sofrimento que aparenta não ter fim, não somente para a personalidade border, mas também para todas as pessoas que a amam e que convivem com ela de forma mais próxima e cotidiana.

Diferentemente do que possa parecer, há muito a fazer nesse cenário que parece desanimador.

O primeiro passo é acreditar na possibilidade das *transformações*: a melhora deve ser vista como algo mais do que possível, ou seja, algo provável! E isso só ocorre quando o desejo de mudança do paciente encontra uma equipe de profissionais bem-intencionados, articulados, preparados e aptos a utilizar todos os recursos técnicos e emocionais para obter a melhora dessas pessoas. O sofrimento dos borderlines pode nos parecer algo desproporcional ou mesmo exagerado, mas jamais podemos vê-lo como algo irreal ou ilegítimo. Munidos desses pré-requisitos, paciente e equipe multidisciplinar, podemos observar que a melhora é possível em 100% dos casos. Não estou aqui me referindo a uma cura milagrosa ou mágica, até porque não podemos esquecer que, antes de tudo, o transtorno de personalidade borderline é uma forma de ser e, assim, não há como negar, desmerecer ou mesmo mudar de maneira radical essa realidade. O que queremos e a que nos propomos é *transformar*, de forma paulatina e consciente, o paciente que sofre em uma pessoa minimamente estável, feliz e apta a atingir seu potencial, a fim de ser o melhor que ela pode ser. Vic, minha amiga querida, cuja história foi retratada na introdução deste livro, é um exemplo dessa superação e do valor real dessa empreitada rumo a um modo de ver e viver mais confortável e pautado em si mesma.

Explico aqui como se dá o processo do tratamento, ressaltando tanto as limitações mais comuns encontradas nos pacientes, em seus familiares, em nossos recursos medicamentosos e psicoterápicos atuais, como também as nossas esperanças evidenciadas em outros relatos de superação.

A busca pelo "problema primário", ou seja, o diagnóstico preciso do transtorno de personalidade borderline, pode ser árdua, difícil e, muitas vezes, demanda tempo e persistência. Atualmente, a psiquiatria reconhece que o diagnóstico desse transtorno pode levar até dez anos para ser feito de forma definitiva. Não dispomos ainda de um método diagnóstico único e preciso que seja capaz de atestar sem margem de erro esse tipo de funcionamento mental. A difusão do conhecimento do transtorno irá, com certeza, suscitar novos debates, pesquisas e uma busca mais efetiva por métodos técnicos e habilidades pessoais dos profissionais da área do comportamento nesse processo de busca por um diagnóstico mais precoce e assertivo.

Por outro lado, gostaria de deixar claro que, independentemente da presença de um diagnóstico preciso, podemos e devemos auxiliar esses pacientes na busca de um conforto existencial mínimo para que eles possam evoluir de forma positiva no início do tratamento. Nesse momento é importante tratar os sintomas que mais incomodam ou trazem transtornos na vida do paciente, que são, em geral, os sintomas depressivos, os atos automutilantes e a impulsividade para consigo mesmo e para com os demais.

A árdua conquista das primeiras consultas

Uma premissa fundamental e de suma importância é a ligação afetiva que se deve buscar entre o médico, os terapeutas e o paciente. Se essa conexão não ocorrer logo nos primeiros contatos, o paciente dificilmente vai aderir ao tratamento. Ele precisa acreditar e confiar nos profissionais e nas possibilidades de melhora que uma proposta terapêutica realista e sincera é capaz de lhe trazer, sobretudo no curto prazo. Os pacientes considerados "mais rebeldes" costumam demandar mais empenho e tolerância nos primeiros contatos, e o processo de conexão afetiva com eles costuma ser mais lento.

Em geral, a primeira consulta ao psiquiatra acontece por pressão de familiares e, por isso mesmo, torna-se pouco propícia para o estabelecimento de uma boa relação terapêutica. No entanto, não devemos desanimar, pois aos poucos aquele que sofre reconhece o seu sofrimento e acaba se abrindo ao afeto de pessoas que só lhe querem bem e têm como único intuito fazê-lo se sentir melhor. Médicos e terapeutas afetuosos, geralmente, mostram-se mais cativantes para os borderlines que, muitas vezes, sentem-se verdadeiros "estranhos no ninho".

Estabelecida a conexão afetiva, tudo fica mais fácil e possível. O paciente passa a ansiar pelos encontros com seus terapeutas e cria um laço afetivo que se estende ao tratamento como um todo, favorecendo a adesão e a execução das propostas terapêuticas.

Aspectos a serem considerados no tratamento

Antes de especificar o tratamento em si é preciso ter em mente que assim como todo ser é único, cada borderline também é, só que com um detalhe a mais: o TPB é um transtorno de personalidade complexo e é extremamente comum que outros transtornos comportamentais sobreponham-se aos sintomas borderlines, como vimos no Capítulo 1. Assim, não há receita de bolo para o tratamento desses pacientes, uma vez que eles podem apresentar quadros múltiplos de sintomas e em graus variados. Cada indivíduo com TPB pode manifestar inúmeras nuances no seu comportamento, o que torna o diagnóstico desafiador e o tratamento, um processo individualizado e construído de forma quase artesanal.

Devemos ter em mente ainda que o tratamento não é apenas para os indivíduos que fecham o diagnóstico, mas também para os que apresentam o traço borderline, ou seja, sintomas desse funcionamento mental a ponto de lhe causarem significativas disfuncionalidades na vida cotidiana. Dessa forma, podemos concluir que todo tratamento deve ser individualizado e levar em conta todos os aspectos pessoais e sociais do paciente, bem como a premissa de que o funcionamento cerebral de cada ser é tão individual quanto nosso próprio DNA. Sabendo então que o cérebro de cada um funciona de um jeito diferente, percebemos o motivo pelo qual o tratamento também deve ser inserido nesse aspecto do ser. As pessoas podem ter um mesmo comportamento, porém este pode gerar sofrimento para umas e não para outras – da mesma forma como algumas pessoas não percebem suas próprias disfuncionalidades como consequência de um processo interno, de cunho biológico e constitucional.

Entendido esse conceito, podemos dissecar aos poucos como se dá efetivamente o processo do tratamento que, a princípio, visa os sintomas que mais incomodam e o grau de disfuncionalidade pessoal e social que esses sintomas trazem ao paciente. É preciso ressaltar que em particular os jovens e as crianças muitas vezes não têm consciência ou uma boa percepção desse sofrimento, mas nem por isso se torna menos importante tratá-los. Por esse motivo, gosto de dividir o tratamento em quatro etapas fundamentais: informação e conhecimento, apoio técnico, medicamentosa e psicoterapêutica.

Saber é poder

Quando se trata do cérebro, saber realmente é poder. Quanto mais conhecimento temos sobre nós mesmos, mais aptos nos tornamos para regular e melhorar nossos sentimentos e comportamentos. Quando digo conhecimento, me refiro desde a autorreflexão e o autoconhecimento até a maneira como nosso cérebro funciona e reage a pensamentos e sentimentos.

Como qualquer outra parte do corpo, o cérebro tem a capacidade de melhorar e se readaptar. A primeira coisa que precisamos saber é que esse potencial existe e pode ser trabalhado; a segunda, é buscar maneiras efetivas de melhorar seu funcionamento. Excetuando os psicopatas (é claro!), não existe pessoa que não possa se tornar melhor desde que haja vontade, dedicação, carinho e amor.

Dentro desse conceito, vamos imaginar que o cérebro seja uma máquina complexa como um carro, que precisa de elementos-chave para um funcionamento ideal: combustível, revisão sistemática, ajustes etc. Além disso, a maneira como conduzimos o carro também contribui para que ele apresente problemas no futuro ou tenha uma vida mais longa e com qualidade. Se conseguirmos entender um pouquinho do que o nosso cérebro necessita para ter um desempenho mais eficaz, teremos a chance de potencializar seus aspectos positivos e, dessa maneira, melhorar nossa forma de viver.

Assim, existem aspectos importantes a serem levados em conta no início e durante todo o tratamento de um paciente dentro do espectro borderline, que vão desde os sintomas e as respectivas disfuncionalidades por eles causados até outros fatores que poderão interferir no tratamento medicamentoso. Cabe destacar, ainda, que tais aspectos estão relacionados à vida pessoal e interpessoal (estrutura e relacionamento familiar, social e amoroso) do paciente borderline:

Aspectos pessoais

1. Idade do paciente (idade fértil?).
2. Grau de esclarecimento e de escolaridade.
3. Presença de outras doenças, inclusive psiquiátricas.
4. Uso de algum medicamento.
5. Uso/abuso de drogas.
6. Histórico psiquiátrico.
7. Histórico de desenvolvimento/desempenho.
8. Estado/qualidade nutricional.
9. Poder aquisitivo.
10. Grau de disfuncionalidade.
11. Gravidade dos sintomas: desconforto individual.

12. Grau de compreensão da doença.
13. Adesão ao tratamento.

Aspectos interpessoais

1. Você tem boa relação com o psiquiatra?
2. Você tem boa relação com o psicólogo ou terapeuta?
3. Você tem boa relação com a família?
4. A sua família é presente?
5. Como é sua relação com o(a) parceiro(a)?
6. Como é sua relação com os amigos?
7. Alguém mais da família tem algum tipo de doença ou problema psiquiátrico?
8. Tem filho(s)?

Ao longo deste capítulo será exemplificada a importância dos aspectos descritos acima.

Apoio técnico

O apoio técnico é um conjunto de medidas a serem tomadas para facilitar e permitir uma boa resposta ao tratamento medicamentoso e psicoterápico. Essas medidas abrangem as recomendações feitas pela equipe multidisciplinar e ações positivas testadas pelo próprio paciente para que seja possível atingir aos poucos os resultados esperados do tratamento. Esse apoio não é uma garantia de melhora mais rápida, até porque, como discutido anteriormente, cada pessoa responde de forma ímpar ao tratamento; mas, de modo geral, garante um funcionamento individual melhor e mais eficiente dentro daquele universo de possibilidades pessoais e sociais.

A dinâmica terapêutica utilizada para esse transtorno visa aliviar os sintomas que causam desconforto e, consequentemente, disfuncionalidades na vida prática, profissional e social. A dialética utilizada no tratamento do transtorno de personalidade borderline é DESCONFORTO X CONFORTO do paciente perante si mesmo e as situações da vida diária, social, familiar, afetiva e profissional. Assim, busca-se primeiro aliviar os desconfortos maiores, mais graves e disfuncionais e, em um segundo momento, outros sintomas que prevaleçam e que poderão surgir durante o tratamento.

O objetivo maior é que o paciente se sinta bem, ou melhor, com controle de si mesmo, independentemente de com quem ou onde esteja e do que aconteça. Esta é uma tarefa dificílima não apenas para os borderlines, mas para todos que buscam uma vida equilibrada e feliz. Afinal, trata-se da busca filosófica de nosso bem-estar interno ou paz interior.

Uma fase vital potencializadora é a adolescência, como já mencionado. Essa é uma época de grandes mudanças, que gera muitas inseguranças e exacerba os sintomas borderlines como a impulsividade, a instabilidade afetiva, a sensação de tédio e vazio (que leva à busca pelo novo e pelo diferente), a crise de identidade, entre outros. Esses sintomas, quando presentes nos pacientes borderlines adolescentes, acabam tendo uma dimensão muito maior, já que é uma etapa em que se descobre um novo universo de sensações e sentimentos no qual, muitas vezes ou quase sempre, é normal sentir-se "estranho no ninho". À medida que essa fase vai ficando para trás e o cérebro amadurece, os sintomas se amenizam. Por esse motivo, pacientes adolescentes precisam ser diferenciados de crianças e de adultos com os mesmos sintomas, uma vez que eles devem ser vistos dentro do contexto neurobiológico. Outra questão que se deve levar em conta e que está associada à idade do paciente é o suporte familiar, que se torna essencial e mandatório na infância e na adolescência.

Lembro-me como se fosse hoje quando Carol chegou em meu consultório: pálida, vestida de preto dos pés à cabeça, cheia de piercings, com uma cara muito lindinha, mas amarrada. Ela foi persuadida pelos pais para ir à consulta em troca de um ingresso para o show do Radiohead. Seus pais chegaram a mim desesperados e desesperançosos. Carol se escondia atrás de seu lindo e longo cabelo preto, mas não conseguia esconder de mim sua intensa fragilidade emocional. Apesar de ela se comunicar muito pouco, consegui arrancar da garota alguns sorrisos e até uma risada na primeira consulta. Carol estava intensamente deprimida, com marcas de queimaduras pelos braços, e admitiu que se sentia infeliz e pensava em suicídio com frequência. Além da profunda palidez, não pude deixar de notar sua magreza disfarçada em roupas largas, o que me levou a perguntar quando foi a última vez que havia saído de casa e se alimentado adequadamente. Para dificultar as coisas, Carol "estava" vegetariana, e constatei que possivelmente estava anoréxica, além de não tomar sol havia muito tempo. Conforme a conversa evoluía, percebi que por trás daquele *look dark* havia uma doçura que não era compatível com tanto sofrimento. Nas primeiras consultas, ela ia forçada pelos pais, mas logo passou a me visitar por vontade própria. Atualmente, Carol adora praia e frescobol, trilhas, caminhadas e é uma fotógrafa talentosa. Nessa profissão ela pode explorar o seu lado mais profundo e delicado de uma forma "confortável" e produtiva. Carol ainda tem suas recaídas de vez em quando, mas ela mesma sabe que tudo passa, inclusive alguns "dias cinzentos".

O cérebro é dinâmico e altamente reativo aos acontecimentos, pensamentos e sentimentos. Quando há uma dificuldade intrínseca de se conseguir essa sintonia, como acontece com os borderlines, é preciso criar um ambiente interno perfeito para que o cérebro consiga funcionar de modo adequado. Fazer uma boa hidratação diária, bebendo no mínimo dois litros de água; ativar a circulação sanguínea com exercícios físicos regulares; ter uma alimentação balanceada, de preferência rica em ômega-3 e com doses regulares de proteína animal, frutas e verduras. Deve-se, ainda, evitar jejuns prolongados, pois isso ativa o sistema cerebral do estresse, o que, por sua vez, acaba ativando a amígdala – estrutura responsável pelas nossas emoções. Todos esses cuidados com o organismo são o mínimo que podemos fazer pelo nosso cérebro e para que ele produza, de forma harmônica, nossos neurotransmissores. Como podemos esperar que uma máquina funcione bem sem a manutenção correta?

Voltando à minha paciente Carol, expliquei a ela que sem bons combustíveis nosso cérebro não consegue ter um desempenho satisfatório, portanto a alimentação e outras medidas são tão essenciais quanto o medicamento no tratamento. Na época, Carol foi acompanhada por uma equipe multidisciplinar, que incluía uma nutricionista que esclareceu o quanto não só a alimentação em si é importante, como também a exposição saudável à luz solar para a produção de vitamina D e de melatonina em nosso corpo. A vitamina D, além de fortificar os ossos (absorção de cálcio e fosfato), é fundamental para a parte cognitiva cerebral, e a melatonina é um hormônio produzido pela nossa glândula pineal que regula o ciclo circadiano (sono-vigília/dia-noite).

Com tempo, ajuda e autorreflexão, nós mesmos aprendemos a identificar o gatilho que nos gera tanto desconforto, que situações sociais temos dificuldades de enfrentar e como reagimos quando nos deparamos com dificuldades intrínsecas e extrínsecas. Se sabemos que somos incontrolavelmente ciumentos, por exemplo, devemos evitar encontros com ex-namorados até que possamos administrar melhor esse sentimento. Se temos impulsos de raiva, precisamos aprender quando estão por vir e ter consciência de que se tornam descontroláveis; nesses momentos, temos que nos afastar das pessoas para evitar agredi-las física ou verbalmente. Se passamos dos limites quando bebemos e isso nos faz pagar verdadeiros "micos" ou até "gorilas", é recomendável evitar ambientes sociais onde haja consumo de álcool. E assim por diante.

A psicoterapia é muito útil para os pacientes borderlines, pois os ajuda na autorreflexão e os conduz, de uma forma mais assertiva, a lapidar seus comportamentos. Planejar as atividades pode evitar muitos problemas para aqueles pacientes mais impulsivos, pois menos situações inesperadas e desgastantes irão ocorrer.

O objetivo é que os pacientes aprendam a guiar seus sentimentos e sua vida, e não o contrário, senão acabam por se tornar eternos reféns de suas emoções descontroladas. Nem tudo o que queremos é o melhor para nós mesmos, mas tudo o que fazemos no sentido de sermos mais ponderados e menos impulsivos sempre nos possibilita viver de forma mais confortável, tanto interna quanto externamente.

Tratamento medicamentoso

Muitos criticam a medicalização da medicina, especialmente da psiquiatria, que muitas vezes se utiliza de remédios controlados como se fossem a única alternativa. Mas, na verdade, o tratamento medicamentoso será estabelecido de acordo com a gravidade ou intensidade do sofrimento e desconforto do paciente. Tudo deve ser colocado em uma balança de prós e contras. O tratamento é feito em conjunto com o paciente, e nada será imposto sem que ele seja esclarecido sobre os objetivos de cada escolha medicamentosa. A única exceção a essa regra ocorre nos casos mais graves, quando a vida do paciente ou a de terceiros estão ameaçadas. O tratamento medicamentoso visa, em primeiro lugar, amenizar os sintomas que trazem maior desconforto, o que é fundamental para o paciente borderline.

Como abordado anteriormente, esses pacientes podem apresentar diversos sintomas e, na maioria das vezes, é necessário iniciar uma combinação de medicamentos que agem de forma complementar, no intuito de se atingir um equilíbrio bioquímico mínimo que facilite o paciente a iniciar uma sintonia entre sentir, pensar e agir.

O ajuste das medicações é fino e muito particular, pois a resposta ao tratamento também é variável entre pessoas com os mesmos sintomas. Assim, não é possível aliviar todos os sintomas ao mesmo tempo logo no início do tratamento, o que pode parecer muito frustrante para o paciente. No entanto, é preciso ter em mente que, como uma pedra preciosa que vai sendo lapidada aos poucos e com delicadeza, o tratamento medicamentoso também precisa ser feito em etapas. Dependendo da gravidade dos sintomas, o acompanhamento psiquiátrico no início deve ser semanal ou quinzenal, e é fundamental que o paciente também esteja em acompanhamento psicológico ou com uma equipe multidisciplinar.

Existem alguns sintomas do transtorno borderline que podem ser tratados em conjunto, como os transtornos de ansiedade e a depressão, porque possuem o mesmo tipo de farmacoterapia. Já em outros casos, é necessário escolher aquele que causa mais desconforto ao paciente, uma vez que a medicação pode melhorar um sintoma, mas piorar outro. É justamente por isso que o tratamento precisa ser feito em etapas, com alguns objetivos de curto prazo e outros de longo prazo, visando criar, aos poucos, uma sintonia cerebral de qualidade. É um verdadeiro "passo a passo" que exige paciência, tolerância e muita determinação de ambas as partes (paciente e equipe).

Esta fina lapidação do funcionamento dos circuitos cerebrais que ocorre com a ajuda dos medicamentos, da boa alimentação, da boa hidratação, dos exercícios físicos, do estímulo mental, da psicoterapia e da própria capacidade de readaptação cerebral é a grande arte da melhora tão esperada.

A escolha dos medicamentos e de suas dosagens varia de acordo com a manifestação de cada sintoma ou um conjunto deles, com a idade e, às vezes, com o peso do paciente, bem como as características específicas de cada um.

Na terapêutica medicamentosa em pacientes borderlines, costumamos usar uma farmácia ampla, mas os pilares no tratamento dos sintomas são os antidepressivos, os estabilizadores de humor e os antipsicóticos (ou neurolépticos).

Em relação aos antidepressivos mais utilizados, destaco os inibidores seletivos da recaptação da serotonina (ISRS), como a fluoxetina, a paroxetina, a sertralina, o citalopram, o escitalopram e a fluvoxamina. Embora recebam o nome de antidepressivos, os ISRS são muito utilizados para o controle de impulsos de raiva, para inibir a automutilação e combater a irritabilidade, os transtornos alimentares, as oscilações de humor, os transtornos de ansiedade e a depressão em si.

Os ISRS não causam dependência, têm baixa toxicidade e são extremamente seguros no caso de superdosagem. Apresentam poucos efeitos colaterais e, em sua grande maioria, são toleráveis. Ajudam a minimizar, de forma significativa, diversos sintomas dos pacientes borderlines. Se colocarmos em uma balança, de modo geral, há poucos motivos (ou nenhum) para não os iniciar, mesmo que temporariamente. Nenhum tratamento psiquiátrico é definitivo, podendo variar conforme os sintomas do paciente.

Dentre os estabilizadores de humor, também conhecidos como anticonvulsivantes, destaco o ácido valproico, o divalproato de sódio, a lamotrigina, o lítio, a carbamazepina, a oxicarbamazepina, o topiramato, a gabapentina, a pregabalina e a zonisamida, usados para a instabilidade afetiva dos pacientes borderlines. Eles costumam trazer bons resultados na melhora da impulsividade e da instabilidade reativa do humor, sobretudo em fases mais estressantes. É importante ressaltar, porém, que os estabilizadores de humor podem causar defeitos ou anomalias em fetos durante o primeiro trimestre da gestação. Além disso, diminuem a eficácia de anticoncepcionais orais, sendo importante para as pacientes sexualmente ativas o uso de métodos contraceptivos mais adequados.

Os antipsicóticos são indicados para os pacientes com alterações cognitivas associadas: estranhamento de si mesmo ou do ambiente (desrealização, despersonalização e quadros dissociativos paranoides), delírios e alucinações. Entre eles estão os chamados atípicos, que são preferencialmente usados (risperidona, paliperidona, quetiapina, olanzapina, ziprasidona, clozapina, aripiprazol e asenapina), e os típicos (haloperidol, clorpromazina e sulpirida). Gostaria de destacar ainda que, em minha experiência clínica, a paliperidona injetável tem um excelente efeito estabilizador de humor, com poucos efeitos colaterais e significativos resultados na redução dos sintomas de auto ou heteroagressividade, bem como ideação suicida desses pacientes, evitando muitas vezes internações hospitalares.

Além das drogas supracitadas, existem também outras medicações acessórias, utilizadas tanto para aliviar alguns efeitos colaterais quanto para auxiliar o próprio tratamento. Dentre elas estão os ansiolíticos, como o clonazepam, o diazepam, o alprazolam, o bromazepam, o cloxazolam e o buspirona – mais utilizados nas fases agudas e nas crises –, e a fluvoxamina, usada também na depressão, no transtorno obsessivo-compulsivo, no tratamento de autoflagelo e na ideação suicida. Vale a pena ressaltar que os ansiolíticos (denominados leigamente calmantes ou medicamentos de tarja preta) devem ser utilizados de forma bastante restrita, uma vez que podem levar ao uso abusivo e até à dependência química.

Deve ser levada em conta também a presença de outras doenças que, em determinado grau, podem interferir na ação de um medicamento, como por exemplo as doenças hepáticas e renais.

Para que o tratamento tenha o resultado esperado, é muito importante estipular horários para as tomadas dos medicamentos, não interromper o tratamento sem antes conversar com o psiquiatra e seguir as orientações citadas ao longo do capítulo. As medicações devem ser aumentadas lentamente e retiradas da mesma forma. Caso contrário, podem causar o que chamamos de *síndrome de retirada*, na qual os pacientes apresentam sintomas físicos e psíquicos de graus variados de desconforto após a retirada súbita dos medicamentosos utilizados durante alguns meses ou até anos de tratamento.

Outros tratamentos

Atualmente contamos com terapêuticas não medicamentosas para o tratamento de diversos transtornos mentais, denominadas técnicas neuromoduladoras. Entre elas destaco a Estimulação Magnética Transcraniana repetitiva (EMTr) e o Neurobiofeedback, com os quais temos obtido excelentes resultados terapêuticos tanto como monoterapia quanto como complemento sinérgico ou potencializador dos tratamentos convencionais.

Estimulação Magnética Transcraniana repetitiva (EMTr)

É uma técnica segura e bastante avançada, na qual são aplicados, por meio de uma bobina, pulsos eletromagnéticos repetidas vezes em determinada região da cabeça, com intuito de estimular a liberação de neurotransmissores e restabelecer conexões cerebrais através da neuroplasticidade cerebral, que é a capacidade de remodelamento cerebral por ela induzida.

Trata-se de um procedimento não invasivo e indolor, aplicado em consultórios. É indicado para casos em que os pacientes não conseguem responder de maneira eficaz ao tratamento medicamentoso, para aqueles que sofrem com os efeitos colaterais dos medicamentos, ou ainda para os casos em que é necessário obter uma melhora considerável no curto prazo. Funciona também como ferramenta de apoio e complemento ao tratamento de diversos transtornos mentais. A técnica é a aprovada pelo Conselho Federal de Medicina (CFM) desde 2012 para o tratamento de depressão.

Neurobiofeedback

O neurobiofeedback é um tipo de técnica de neuromodulação cujo objetivo é produzir uma otimização em toda a atividade elétrica do cérebro. Tal qual um "espelho", proporciona ao paciente a possibilidade de visualizar em tempo real a atividade neuronal de cada região cerebral por meio das ondas captadas por um aparelho de eletroencefalograma.

Acopla-se ao aparelho de eletroencefalograma um amplificador de ondas e alguns softwares que, por meio de atividades lúdicas, proporciona ao paciente um total entendimento e controle sobre suas atividades cerebrais, tanto cognitivas quanto emocionais e executivas. O processo se dá por uma espécie de treinamento ou ginástica cerebral (*brain gym*), com o qual o paciente tem total poder de entender suas diversas reações perante as mais variadas situações vivenciadas no dia a dia.

Os resultados terapêuticos com a técnica do neurobiofeedback têm se mostrado uma excelente ferramenta de controle de sintomas ansiosos, impulsivos e depressivos, além de contribuir de forma significativa na construção do autoconhecimento do paciente.

Psicoterapia

Tendemos a achar que o tratamento medicamentoso é a etapa principal do processo terapêutico e com ele sentimos que estamos realmente sendo tratados. Mas será que só o remédio de fato ajuda? Bem, por tudo o que foi exposto, vimos que no caso dos pacientes borderlines a medicação sozinha pode de fato aliviar os sintomas; no entanto, está longe de dar conta de toda a complexidade desse transtorno de personalidade. O TPB é, antes de tudo, um jeito de ser, no qual as emoções e os sentimentos são vivenciados em sua forma mais exuberante e superlativa, e, em face disso, suas vidas afetivas, familiares e profissionais costumam ser muito disfuncionais.

A psicoterapia busca em primeiro lugar a conscientização do problema, com o objetivo de o paciente aceitar que tem dificuldades internas ou externas e que pode melhorar. Aquele que nega a si mesmo e as suas dificuldades torna o caminho mais longo e árduo.

Agora podemos entender por que a psicoterapia é o alicerce do tratamento desses indivíduos. É a ferramenta utilizada para trabalharmos esse turbilhão de sentimentos desgovernados. Quando falo em "trabalhar" não me refiro a explorar a essência do ser ou buscar nas experiências passadas possíveis explicações para determinados sentimentos ou comportamentos; a dinâmica do tratamento é o aqui e agora.

Os borders já são demasiadamente subjetivos para entrar em questões que mergulhem ainda mais na subjetividade de seu ser; eles talvez sejam os seres mais profundos que existem. Dessa forma, o objetivo é não aprofundar, mas ser prático e assertivo, trabalhando os desconfortos e criando rotinas diárias que os façam viver melhor um dia de cada vez.

Estudos demonstram que de fato a terapia cognitivo-comportamental (TCC) e, mais especificamente, a terapia comportamental dialética (TCD) são as mais efetivas na abordagem dos pacientes portadores de transtorno de personalidade borderline. No caso específico da TCD, observamos que a redução dos sintomas impulsivos e reativos ocorre de forma mais rápida, contribuindo de maneira significativa para que o paciente obtenha maior estabilidade emocional. Isso acontece por meio de um treinamento intensivo para que o paciente aprenda a lidar com suas emoções e, assim, possa exercer de forma adequada suas habilidades sociais, afetivas e profissionais.

Como visto no Capítulo 2, as disfuncionalidades dos borders estão divididas em quatro categorias (emocional, cognitiva, comportamental e pessoal), sendo que o aspecto emocional é a condição *sine qua non* dessa personalidade. Ao revermos as características do aspecto emocional, percebemos que os borderlines sofrem de um transbordamento emocional, reagindo de maneira exagerada, sobretudo a estímulos negativos. A impulsividade dos borders pode ser um pouco "freada" com os medicamentos, o que diminui os acessos de ira e também a instabilidade afetiva, facilmente confundida com mudanças bruscas de humor; mas a enxurrada de sentimentos vai persistir.

A psicoterapia é o elemento-chave nessa reabilitação do sentir por meio de uma reestruturação cognitiva, que traz ao paciente uma nova forma de entender, enxergar e sentir o mundo, isto é, substituindo crenças, pensamentos e interpretações negativistas e disfuncionais do mundo e de si mesmo, aliviando assim seus sintomas de mal-estar interno.

Ninguém gosta de receber críticas negativas, é fato; só que elas não podem nos trazer um desconforto a ponto de nos desequilibrar.

Devemos ter em mente que não é possível agradar a gregos e a troianos, somos todos passíveis de erros, afinal, como diz um antigo provérbio, *errare humanum est* (errar é humano). A grande questão é a dimensão exponencial que isso toma para os borders. A terapia ajuda a reeducar o paciente por meio de deveres e técnicas específicas: treinos em solução de problemas e exercícios de mentalização, como ver a situação de fora ou imaginar situações diferentes. Assim, ele é instruído a mudar comportamentos e formas de perceber situações que sejam irreais e desadaptativas, e que estejam contribuindo para manter ou agravar seu problema. E, por fim, entender que quem sempre sairá mais prejudicado é aquele que mais sente: no caso dos borders, eles próprios.

Assim como a disfuncionalidade emocional, a cognitiva, a comportamental e a pessoal serão trabalhadas utilizando-se da mesma dialética: identificar o problema, o seu fator deflagrador e a melhor forma de conduzir sentimentos desconfortáveis sem que eles "desgovernem" a vida dessas pessoas, buscando, assim, a reabilitação do ser consigo mesmo no contexto social, aprendendo e aplicando a generosidade a si próprio, objetivando a funcionalidade que lhe permitirá viver com mais leveza.

A maneira como os borders sentem a vida é deveras emocional, dramática e intensa; trazendo um "tom" muito especial para o nosso mundo. De certa forma, eles trouxeram cores fortes para a história da humanidade e marcaram a arte, a literatura, a música e despertaram e despertam o que existe de mais humano em nós. Afinal, não são os sentimentos e as emoções que regem grande parte do comportamento humano?

Os borders são um jato de tinta colorida e intensa na tela da vida. E devemos reconhecer que eles têm muito a nos ensinar com suas emoções tão à flor da pele. Sabemos que essa erupção emocional também traz muita dor, não só para eles borders, mas também para as pessoas com quem convivem. E isso nos conduz a uma reflexão: que os verdadeiros afetos precisam de mais generosidade e flexibilidade de ambas as partes, pois somente assim é possível viver relações harmônicas e de verdadeiro amadurecimento afetivo.

Terapia em grupo e grupos psicoeducacionais

Não poderia deixar de falar neste capítulo sobre as terapias familiares, de grupo e dos grupos psicoeducacionais: afinal, a união faz a força!

A terapia familiar é fundamental. Ressalto sua importância porque o conflito doméstico é algo bastante presente e que causa grande desconforto, não só para os pacientes mas também para os familiares. Conseguir que cada um exponha seu ponto de vista, de modo lógico e crítico, é muito importante para a busca de uma harmonia geral, bem como para auxiliar o terapeuta nas questões a serem trabalhadas.

A psicoterapia em grupo é uma boa opção, especialmente para pacientes que apresentam traços border, cujo nível de disfuncionalidade é mais baixo. Já para os pacientes mais instáveis e graves, recomenda-se um tratamento individualizado.

Redes sociais

Com o advento das redes sociais, abriram-se novas portas para que diversas pessoas com diagnósticos em comum pudessem se conectar e compartilhar experiências e ideias, com intuito de se sentirem mais amparadas e menos sozinhas dentro de um mundo que frequentemente os faz se sentirem diferentes. Mas isso também tem seu lado negativo: muitos borderlines aprendem e compartilham formas de se autoflagelar e de ocultar cicatrizes sem que outras pessoas percebam. Os grupos constituídos nas redes devem ter o único propósito de trocar experiências positivas, que poderão ajudar e incentivar pessoas na busca sadia e efetiva de uma vida mais harmônica. Esse é o exercício da mais pura generosidade humana.

Grupos de apoio psicoeducacionais

Estes grupos costumam ser bem-estruturados, com reuniões fixas, nas quais as pessoas apenas compartilham suas experiências e contam, muitas vezes, com o apoio de profissionais de saúde.

O mais conhecido e frequentado, já presente em diversos estados brasileiros e outros países, é o Grupo das Mulheres que Amam Demais Anônimas (MADA). Embora não seja um grupo específico para borderlines, muitas mulheres que têm traços borders ou são borderlines de fato passam por dramas e dilemas parecidos e são frequentadoras do grupo.

Antes de finalizar este capítulo, gostaria de deixar o primeiro lema do grupo MADA e destacar a importância dessa organização que há anos vem ensinando que a única história de amor que pode de fato durar por toda a nossa vida é a relação de amor que estabelecemos por nós mesmos. Não me refiro a um amor qualquer, mas ao verdadeiro amor, aquele que nos desperta os melhores sentimentos e pelo qual nos empenhamos em práticas interpessoais, que nos transformam em pessoas melhores a cada dia dessa nossa breve, mas intensa existência.

1º lema do Grupo MADA: fazer primeiro as coisas primeiras

"Quando chegamos em MADA, percebemos que no passado havíamos nos envolvido em relacionamentos de forma obsessiva e compulsiva. Passamos nossas vidas tentando modificar os outros, sobrando, assim, pouca energia para nossas tarefas e cuidados pessoais. Agora, em recuperação, nossa prioridade deve ser a abstinência dos padrões de comportamento que nos levaram à dependência.

Às vezes, ficamos muito confusas quando deixamos de controlar outras pessoas, não sabemos por onde devemos começar. É incrível notar como estávamos acostumadas a aconselhar os outros, sabendo exatamente como eles deveriam agir. Agora, tendo que direcionar isso para nós mesmas, descobrimos que não temos tanta habilidade em saber quais são as nossas prioridades.

Você está em processo de recuperação. Portanto, tente não se cobrar demais. Comece pelas coisas mais simples. No dia a dia, procure listar o que é preciso ser feito. Faça a si mesma a seguinte pergunta:

'Neste momento, o que é mais importante? E o que é possível ser feito?'"[1]

---

[1] Extraído do site do Grupo MADA SP, em fevereiro de 2018: http://grupomadasp.com.br/lemas-do-grupo-mada. Em julho de 2016, o Grupo MADA Brasil lançou seu site oficial e já conta com vários grupos espalhados em 14 estados do país.

Elas nos emocionaram, ditaram modas e conceitos, quebraram tabus, influenciaram gerações e nos marcaram com performances inesquecíveis no cinema, na TV, nos palcos ou simplesmente no embalo de uma música no ouvido.

9
CELEBRIDADES COM SUPOSTO
FUNCIONAMENTO BORDERLINE

É claro que gosto não se discute. No entanto, as personalidades aqui descritas demonstraram talentos indiscutíveis, reconhecidos por grande parte da crítica e do público, e muitas delas tiveram suas vidas interrompidas precoce e tragicamente. Elas nos emocionaram, ditaram modas e conceitos, quebraram tabus, influenciaram gerações e nos marcaram com performances inesquecíveis no cinema, na TV, nos palcos ou simplesmente no embalo de uma música no ouvido.

É muito importante ressaltar que em momento algum *afirmo* que tais celebridades são borderlines de fato, uma vez que não fiz uma investigação diagnóstica que pudesse atestar isso. Este capítulo visa somente facilitar o entendimento sobre o assunto, uma vez que as histórias de vida dessas pessoas estão recheadas de comportamentos muito semelhantes ao jeito borderline de ser.[1]

AMY WINEHOUSE – Explosiva, encrenqueira e talentosa

A cantora e compositora inglesa, diva do pop e da soul music, foi e ainda é idolatrada no mundo todo. Entre os fãs, estão milhares de garotas que imitam seu *look* e comportamento excêntricos: roupas, cabelos com penteados altos e volumosos (sua

---

1 Todas as referências das histórias aqui relatadas encontram-se na Bibliografia deste livro.

marca registrada), olhos carregados de rímel e delineador, tatuagens; jeito rebelde, desafiador e "superlativo" de ser. Tudo que ela fazia chamava a atenção da imprensa, que ora se rasgava em elogios, ora se deleitava com sua reputação e imagem.

Amy foi uma campeã em vendagem de discos. Enlouqueceu multidões e alvoroçou os paparazzi com seu comportamento debochado e sarcástico; suas performances e bebedeiras no palco; atrasos e cancelamentos de shows; escândalos envolvendo drogas, sexo, agressões físicas e palavrões, tentativas de suicídio, prisões, internações em clínicas de reabilitação e a "paixão cega" e incurável pelo polêmico Blake Fielder-Civil.

Amy Jade Winehouse nasceu no subúrbio de Londres em 14 de setembro de 1983. Teve uma infância conturbada, presenciando brigas e o constante sofrimento de sua mãe, Janis, devido ao relacionamento amoroso que seu pai, Mitchell, mantinha com uma colega de trabalho. Por influência de Mitchell, a quem sempre foi apegada, a menina aprendeu a gostar de jazz e músicas de Frank Sinatra. Aos 9 anos, com a separação dos pais, Amy passou por uma das fases mais marcantes de sua vida. A música *What is it about men?* (Qual é a dos homens?) retrata os momentos difíceis vividos por sua mãe e a revolta de Amy. Nessa canção, ela diz que o trauma da separação foi como uma pedrada em sua cabeça, exacerbando o seu lado autodestrutivo.

Aos 12 anos, ela ganhou uma bolsa de estudos para a Escola de Teatro Sylvia Young, de onde foi expulsa antes de se formar por usar um piercing no nariz, pela sua insubordinação e indiferença a tudo e a todos. Aos 14, comprou seu próprio violão, começou a compor e se apresentar em pubs londrinos, até ser descoberta pela Island Record e se tornar uma artista de sucesso, premiada no Reino Unido.

Dona de uma voz e um talento extraordinários, e estilo musical inconfundível (um mix dos anos 1950 e 1960), o furacão Amy decolou na carreira aos 19 anos, em 2003, quando lançou o primeiro álbum, *Frank*. Em 2005, conheceu Blake Fielder-Civil (seu "Baby"), por quem teve um apego afetivo irracional e adoecedor. Em sua homenagem, a cantora ostentava a tatuagem *Blake's* (do Blake), na altura do coração. Entre tapas e beijos, romances paralelos, bebedeiras, drogas e muitas polêmicas, o casal se separou.

Dessa turbulenta e destrutiva relação amorosa nasceu, em 2006, o álbum "autobiográfico" *Back to Black*, que a consagrou e lhe rendeu cinco Grammy (2008), o maior prêmio da indústria fonográfica. Nesse disco, recheado de dor e pesar, Amy expõe, de forma escancarada, suas imperfeições, em letras dilacerantes. Lá estão hits memoráveis como *Rehab* (Reabilitação), sobre o período em que se negou a ser internada em uma clínica; *Back to Black* (Volta ao luto), quando Blake a trocou por outra; e *You know I am no good* (Você sabe que eu não presto), na qual cita a emblemática frase *I told you I was trouble* (Eu te disse que eu era encrenca).

Em maio de 2007, Amy e Blake reataram o namoro e se casaram em cerimônia discreta em Miami. Mostrando-se feliz e ainda com boas performances em shows, a cantora concedeu entrevista à revista *Rolling Stone*.[2] Na ocasião, a repórter observou várias cicatrizes em seu antebraço esquerdo e, ao perguntar desde quando tinha começado a se cortar, a cantora disse ser algo bem antigo, de uma época ruim e desesperadora – apesar de alguns cortes parecerem recentes.

---

2 "Amy Winehouse: A diva e seus demônios". Publicada na *Rolling Stone* Brasil, ed. 10, em julho de 2007. Por: Jenny Eliscu.

Em novembro do mesmo ano, Blake foi preso por agredir e subornar o dono de um pub. Mais tarde, ambos se envolveram em relações extraconjugais, o que culminou em separação e brigas judiciais. Amy afundou-se cada vez mais nas drogas e se tornou alvo dos noticiários mais por seus vexames, agressões e apresentações pouco apreciáveis do que por seu talento.

De tudo que foi visto sobre a cantora, pode-se perceber características típicas de uma personalidade borderline: intempestividade, instabilidade e excesso de emoções, autodestruição (automutilações, drogas, bulimia, anorexia); medo extremo do abandono e da rejeição. Sua vida se equilibrava em vínculos afetivos, a razão maior do seu viver. Sua profissão e boas performances oscilavam de acordo com as relações amorosas.

Em 23 de julho de 2011, com apenas 27 anos, Amy Winehouse foi encontrada morta em sua casa, em Londres.

Entre o retrô e o ousado, a aspereza e a docilidade, o amor e o ódio, o brilhantismo e a sarjeta, a morte solitária e silenciosa. Esse é o retrato de uma garota insegura, confusa, contraditória, instável, complexa, intensa e inadequada, que sofreu e fez sofrer, e que chegou ao fim.

"A vida é curta. Aproveitem, pois a vida é curta. Cometi muitos erros. Digo que não me arrependo ou me desculpo, mas não é verdade."

Amy Winehouse
(DVD *I told you I was trouble, Live in London,* 2007)

MARILYN MONROE – Bela, sexy e imortal

Mais de cinquenta anos depois da morte de um dos maiores ícones do cinema do século XX, ainda se especula sobre aquele 5 de agosto de 1962. Suicídio? Overdose acidental? Assassinato pela máfia? A controversa Marilyn Monroe personificou o glamour, a beleza, a sensualidade e o brilho de Hollywood, encantou a todos e se tornou imortal.

Em 1º de junho de 1926, em Los Angeles, nasceu Norma Jeane Mortensen, uma menina de cabelos castanhos, pele muito clara e olhos azuis. Filha da pobreza, do abandono e da rejeição; de uma mãe solteira, promíscua, instável e com graves problemas psiquiátricos. Norma, que mais tarde seria conhecida mundialmente como Marilyn Monroe, nunca soube quem foi seu pai biológico, e o sobrenome que usava foi apenas emprestado de um dos parceiros de sua mãe.

Logo após o nascimento, ela foi deixada sob os cuidados de parentes e vizinhos, e passou anos entre orfanatos e lares de acolhida. Com menos de 2 anos de idade, quase morreu quando sua avó, histérica e alcoolizada, tentou asfixiá-la com uma almofada. Aos 6 anos, foi abusada sexualmente por um dos locatários de uma das muitas casas em que viveu. Se esses incidentes de fato aconteceram não se sabe, já que foi a própria Marilyn quem trouxe a público todas as histórias de sua infância. Seja como for, supõe-se que a atriz inventava sobre seu passado e suas vivências e, de certa forma, isso acabou por valorizar sua imagem perante a opinião pública. O contraste entre a "Gata Borralheira" Norma e a estonteante "Cinderela" Marilyn Monroe era um ingrediente essencial que mostraria a força de alguém que conseguiu se reinventar, reforçando ainda mais o mito.

Com a avó e a mãe internadas em instituições psiquiátricas e sem lar definitivo, Norma Jeane estava fadada a viver em orfanatos. Aos 16 anos, decidiu se casar com o namorado Jimmy Dougherty para ter seu próprio lar. Quatro anos depois, já estavam divorciados.

Descoberta por um fotógrafo, ela iniciou uma carreira de sucesso como modelo, tendo seu rosto estampado em várias capas de revista. Mas seu sonho ainda era se tornar atriz, ser uma grande estrela. E foi justamente como atriz, contratada pela 20th Century Fox, em 1946, que Norma Jeane tingiu seus cabelos de louro platinado e mudou definitivamente seu nome para Marilyn Monroe.

Com papéis tímidos e atuações medíocres, sua carreira só decolou depois dos anos 1950, quando o filme *Torrentes de paixão*, de 1953, lhe rendeu elogios e a transformou em uma estrela. Dentre tantos sucessos estão *Os homens preferem as loiras* (1953), *Como agarrar um milionário* (1953), *O pecado mora ao lado* (1955), *Nunca fui santa* (1956), *Quanto mais quente melhor* (1959). Marilyn explodia nas telas e havia se tornado uma superstar, a loira mais adorada e cobiçada de Hollywood.

Durante esse período, ela namorou e se casou com o famoso ex-jogador de beisebol Joe DiMaggio, um brutamontes, machão, agressivo e ciumento. Mas Marilyn necessitava de Joe: o público venerava o casal, e com essa união ela estaria casada com a própria América. Porém, nove meses depois já estavam divorciados. Em seguida, casou-se com o dramaturgo Arthur Miller, com quem viveu uma "paixão desenfreada", obsessiva e conturbada. Ela tinha sede de ser amada, valorizada, mas poucos anos depois também se divorciaram, e então Marilyn teve um *affaire* com Yves Montand. O seu jeito de ser, a "personagem" sensual e voluptuosa, e a falsa identidade que insistia em manter para se sentir amada provocavam desejo nos homens e fúria e ciúmes nos maridos.

Marilyn tinha voz infantilizada, gaguejante e frágil. Era insegura, insubordinada, instável, tinha crises de depressão, chegava atrasada às gravações, esquecia as falas, se atrapalhava nas filmagens, não respeitava seus colegas e, para alguns, era insuportável. Tentou suicídio por três vezes, fez dois abortos e se "equilibrava" em uma vida autodestrutiva, regada a calmantes, anfetaminas e álcool. Algumas de suas mentiras foram descobertas: ela dizia ser órfã, enquanto sua mãe estava viva e morando na mesma cidade. Mas, em entrevistas à imprensa, com a voz sussurrante de uma menina indefesa, inspirava compaixão sobre seus deslizes e tudo se ajeitava.

Marilyn nunca conseguiu ter relacionamentos afetivos duradouros, mas soube como ninguém manipular, seduzir e enfeitiçar os homens que quis. Foram incontáveis os amantes e parceiros sexuais. "Falando em Oscar, eu ganharia de forma esmagadora se houvesse um por orgasmos fingidos. Fiz o melhor de minha atuação convencendo meus parceiros de que estava em êxtase", ela declarou certa vez. Marilyn precisava saber que era desejada, um jeito de se sentir aceita e viva.

No entanto, de todas as relações amorosas de Monroe, a mais descontrolada e escandalosa foi com o senador John Kennedy, que se tornou presidente dos Estados Unidos. Uma relação que durou cerca de seis anos e que tentaram manter em segredo. Em 19 de maio de 1962, Marilyn subiu ao palco do Madison Square Garden com um vestido cor da pele grudado ao corpo, gestos sensuais e voz lasciva, para cantar o antológico *Happy Birthday, Mr. President*, em homenagem ao 45º aniversário de JFK. Esta foi a última vez que Marilyn viu John Kennedy. Um intolerável abandono, uma pungente rejeição para uma personalidade tão complexa como a de Marilyn. Como uma fera ferida, ligava insistentemente para a Casa Branca e, histérica, ameaçou espalhar toda a verdade. Robert Kennedy, irmão do presidente e ministro da Justiça, entrou em cena, manteve um caso com ela e comprou seu silêncio.

Na manhã de 5 de agosto de 1962, aos 36 anos, a mulher mais sexy do século XX foi encontrada morta em sua casa, na Califórnia. Motivo? Depois de autópsias e interrogatórios, prevaleceu o "suicídio provável" por overdose de barbitúricos.

Marilyn nunca escondeu sua infelicidade e sua insatisfação crônica. Como ela mesma afirmou: "Eu sempre tenho sentimentos secretos de que sou uma farsa, uma falsa".

E assim nasceu, cresceu e viveu: sem identidade, sem conseguir ter contato consigo mesma, uma fantasia.

TONY CURTIS — Ascensão e queda de um astro

Uma das celebridades masculinas que apresentavam características do transtorno borderline era o ator e galã Tony Curtis, considerado um dos homens mais bonitos do cinema.

Bernard Schwartz (seu nome de batismo) nasceu em 3 de junho de 1925, no Bronx, Nova York. Filho de imigrantes húngaros de origem judaica (Helen Schwartz e Emanuel Schwartz), teve uma infância pobre e difícil. Sua casa ficava nos fundos da alfaiataria de seu pai, que tentava manter a família com o pouco dinheiro que recebia. Bernard e seus dois irmãos sofreram muito nas mãos da mãe, agressiva e de humor instável. Na época, foi diagnosticada como "esquizofrênica": "Quando eu não terminava a sopa, ela me jogava contra a parede", disse ele, que nunca esqueceu os abusos e maus-tratos da mãe.

Aos 8 anos, ele e o irmão Julius foram para um orfanato, já que os pais não tinham condições de educá-los e sustentá-los. Lá os meninos frequentemente se envolviam em brigas com jovens antissemitas, que, muitas vezes, atiravam pedras neles e os agrediam. Em 1938, no início da adolescência, Bernard sofreu uma dolorosa perda que o marcaria para sempre: seu irmão Julius morreu atropelado por um caminhão. E foi ele mesmo, ainda tão jovem, que precisou reconhecer o corpo: "Foi um inferno. E ela nem se importava", contou Curtis, referindo-se à mãe.

Abalado com a tragédia, Bernard decidiu mudar de vida. Aos 16 anos entrou para a marinha, serviu durante a Segunda Guerra Mundial e, logo após a rendição dos japoneses, foi dispensado com honrarias. Quando retornou ao seu país, passou a estudar teatro e fazer peças até ser descoberto pela sobrinha do produtor David Selznick. A partir de então, adotou o nome artístico de Tony Curtis e foi contratado pela Universal Pictures.

Com uma beleza ímpar e olhos sedutores, Curtis logo se tornou ídolo do público feminino e foi considerado um dos maiores galãs dos anos 1950 e 1960, com fama de conquistador. Curtis estreou no cinema como figurante, mas logo depois se tornou protagonista de diversos filmes. Ganhou fama e tornou-se um grande sucesso de bilheteria com os filmes *A embriaguez do sucesso*, *Trapézio*, *Spartacus*, entre outros, chegando a receber uma indicação ao Oscar pela atuação no filme *Acorrentados*. Mas foi ao lado de Marilyn Monroe (com quem teve um caso), no filme *Quanto mais quente melhor*, que Tony se tornou um astro de Hollywood. Tony Curtis deixou um legado de mais de 120 filmes, repleto de altos e baixos, e ditou moda com sua elegância e corte de cabelo rebelde – seu visual chegou a inspirar Elvis Presley. Porém, sua ascensão à fama e ao estrelato foi marcada por uma vida rodeada de muitas mulheres, muito sexo e mergulhada no mundo das drogas e do álcool.

Casou-se seis vezes. A primeira foi com a atriz Janet Leigh, do clássico filme *Psicose*, de Alfred Hitchcock, que lhe trouxe muita visibilidade. Por um tempo, foram considerados o casal de ouro de Hollywood, mas Curtis nunca foi um marido exemplar; além de infiel, era um homem rude. Ele não se conformou com a rejeição: "Fui muito devotado e dedicado a Janet, mas aos olhos dela essa condição dourada se esgotou. Compreendi que tudo que eu era não era suficiente para Janet. Isso me machucou muito e partiu meu coração", disse certa vez.

Mais tarde, Curtis admitiu ser viciado em sexo e ter cometido muitos erros, que acabaram por destruir seus casamentos e a relação com os filhos. Foi um pai ausente e ficou afastado da filha Jamie Lee Curtis até quase o final da vida.

Era conhecido como um conquistador inveterado, mas na realidade sofria de baixa autoestima e necessitava de aprovação das pessoas com as quais se relacionava. Dizia já ter se relacionado com mais de mil mulheres: "Minha principal necessidade era ser aceito pelas pessoas. Não ter educação, não ter dinheiro, nada, exceto ser aceito por uma garota". "Eu era uma pessoa doente", "Eu era inseguro em relação às mulheres, então queria ir para cama com todas elas", revelou em entrevista à Agence France Presse, em 2008, em Washington.

Mergulhado na vida autodestrutiva e na decadência das drogas, Curtis recusou papéis no cinema que foram aceitos por colegas e viraram sucesso. A oscilação de suas atuações, ora brilhantes, ora medianas, mantinha o mesmo ritmo da instabilidade de sua vida pessoal e afetiva. Isso fez com que ele fosse relegado a papéis secundários e, mais tarde, caísse no esquecimento como ator.

Entre um casamento e outro, fez muitos papéis românticos, cômicos, dramáticos, mas lamentava que o mundo do cinema e os críticos jamais tenham reconhecido verdadeiramente o seu trabalho e seu sucesso de público: "Acho que não fiz os filmes que deveria ter feito", "Sinto que mereço mais do que a indústria me deu". Mas, apesar da mágoa, foi indicado ao Oscar, conquistou muitos prêmios, honrarias e uma estrela na Calçada da Fama de Hollywood.

Depois da infância triste e pobre, e da morte do irmão, Tony foi vítima de outra tragédia: seu filho Nicholas morreu em 1994, aos 23 anos, por overdose de heroína.

Além de ator, Tony Curtis era flautista e se dedicou à pintura a partir dos anos 1980, quando já havia perdido o glamour e sua carreira de ator estava em declínio. Seus quadros chegaram a ser vendidos por 50 mil dólares.

Tony Curtis morreu em 29 de setembro de 2010, aos 85 anos, em Las Vegas, Estados Unidos. Estava em seu sexto e último casamento, celebrado em 1998 com a modelo Jill Vandenberg, 45 anos mais nova.

JANIS JOPLIN – A aloprada do rock

Janis Joplin foi a primeira mulher a brilhar no mundo masculino do rock com sua voz rouca, rascante e eletrizante. Considerada uma das vozes mais marcantes do rock dos anos 1960 e a maior cantora de blues e soul de sua geração, Janis Lyn Joplin nasceu em 19 de janeiro de 1943, em Port Arthur, uma pequena cidade no Texas, Estados Unidos.

O pai, Seth, trabalhava na Texaco e a mãe, Dorothy, era funcionária na secretaria de uma faculdade local. Joplin tinha dois irmãos, Laura e Michael, e desde cedo seus pais perceberam que ela precisava de mais atenção que os irmãos.

Janis gostava de poesia e pintura, mas também amava a música e, quando criança, cantava no coral da igreja. Na adolescência, ela era quieta, introspectiva e bastante solitária. Ficava horas ouvindo blues e jazz de seus cantores favoritos e pintando quadros.

Até os 14 anos, Joplin foi uma boa aluna da Thomas Jefferson High School, mas logo começou a engordar e as espinhas apareceram. A partir de então, tornou-se rebelde, passou a se vestir de forma mais extravagante e muito diferente das meninas de sua época: usava camisas masculinas, calças ou saias muito curtas. Janis gostava de se destacar na multidão e passou a ser alvo de provocações e muitas humilhações na escola. Era chamada de porca, esquisita, estranha, promíscua, e foi rejeitada pelos colegas.

Janis, então, se uniu a alguns amigos que compartilhavam com ela o mesmo interesse pela música. Passou a frequentar e cantar blues e jazz nos bares locais, e encarnou um "personagem": uma menina durona, agressiva, encrenqueira, que gostava de beber e provocar as pessoas.

Após concluir o ensino médio, em 1960, iniciou alguns cursos, mas não chegou a concluir nenhum, pois bebia mais do que estudava. Logo depois, Janis fugiu de casa. Port Arthur era uma cidade pequena e "careta" demais para uma personalidade como a de Janis, e sua relação com os pais não era das melhores. Em Austin, foi tratada com repulsa pelos colegas da Universidade do Texas e considerada "o homem mais feio do campus". Nessa época, começou a cantar blues e folk no campus e em um clube local, com um trio de amigos, chamado *Walter Creek Boys*. Seu jeito forte de cantar e sua voz gutural assustavam as pessoas, acostumadas ao timbre suave das cantoras da época.

Em 1963, partiu, cheia de esperança, para São Francisco, um mercado musical bastante promissor. Durante o período em que esteve por lá, tornou-se ainda mais extravagante, passou a beber compulsivamente e a consumir drogas, inclusive heroína. Viveu de empregos temporários e apresentava-se nas ruas, em bares e clubes. Chegou a participar do Monterrey Folk Festival, mas não teve sucesso.

Em São Francisco, sua vida desregrada, autodestrutiva, com consumo intenso de álcool e drogas pesadas, já havia atingido um nível tão desenfreado que Joplin foi internada. Nessa época, retornou à sua cidade natal para receber os cuidados da família. Assustada com esse momento difícil, ela resolveu mudar o estilo de vida, vestir-se de forma mais conservadora, prender os cabelos esvoaçantes e fazer o que podia para parecer certinha. Mas o convencional não parecia combinar com sua natureza.

Em 1966, retornou a São Francisco e se integrou ao grupo *Big Brother & Holding Company*. No início, ela só cantava algumas músicas e tocava pandeiro, mas rapidamente se tornou a figura principal, ofuscando totalmente a banda. Em 1967, o grupo se apresentou no Festival Pop de Monterrey, mas foi Janis Joplin quem se destacou. Foi aclamada por sua marcante interpretação da música *Ball and Chain* e acabou sendo capa das revistas *Time* e *Newsweek*. Logo depois, escreveu à sua mãe: "Espero que você ainda se lembre de mim. Desde Monterrey, três grandes gravadoras nos querem. Por muito dinheiro. Com a banda *Big Brother* corre tudo bem, talvez um dia eu até me torne uma estrela".

E assim foi. Entre altos e baixos, brigas e formação de novas bandas, Joplin realmente se tornou um grande sucesso. Seu jeito de interpretar era ímpar e visceral: cantava com a voz, os cabelos, a cabeça, o corpo inteiro. Gritava com sua voz rouca e ácida, seduzia o público e chegou a ficar nua no palco e dizer que estava fazendo sexo com a plateia. Era debochada, insubordinada e desmedida. As pessoas do seu convívio a consideravam problemática e de personalidade instável (ora dócil, ora extremamente agressiva), mas também extraordinária, com capacidade de se conectar e enlouquecer o público, como nunca visto.

Em fevereiro de 1970, na esperança de se livrar do vício da heroína, a cantora esteve no Rio de Janeiro e quase passou despercebida, até pelos jornalistas. Nesse curto período, ela fez topless na praia de Copacabana (em plena época da ditadura) e quase foi presa; foi expulsa do Copacabana Palace por nadar nua na piscina; consumiu todo tipo de álcool e drogas que pôde conseguir; e só conseguiu ser reconhecida e fazer sucesso em um bordel, onde o cantor Serguei se apresentava na época.

Em setembro, Janis foi vista em público pela última vez, em Port Arthur, quando esteve na comemoração do décimo ano de formatura da sua turma do colégio. Ela estava ansiosa por aquele momento, para mostrar às pessoas que tanto a hostilizaram que ela era um grande sucesso.

Em 4 de outubro de 1970, aos 27 anos, Janis Joplin foi encontrada morta em um quarto do hotel Landmark, em Hollywood, depois de uma overdose de heroína pura.

Em sua carreira meteórica, Joplin lançou alguns discos, foi premiada com o Disco de Ouro, e seu álbum de maior sucesso foi *Pearl* (seu apelido), lançado após sua morte, em 1971. Era uma das cantoras de rock mais bem-pagas do mundo e, apesar de ter chegado ao topo, sua autoestima era extremamente baixa: "Ninguém gosta mesmo de mim, sou feia demais para isso, só querem me explorar", declarou certa vez. Fora dos palcos, tinha uma vida solitária, suas relações afetivas não passavam de casos breves, e se entediava com facilidade.

"Por que não canto como as outras cantoras? Não sei, talvez porque não fique na superfície das melodias, porque eu entre na música, eu canto com a minha alma, com o meu corpo, com o meu sexo... Eu canto toda!", declarou Janis Joplin.

ELIZABETH TAYLOR – Filmes, vícios, luxo e sete maridos

Uma das mais belas e encantadoras estrelas da história de Hollywood, Elizabeth Rosemond Taylor, mais conhecida como Liz Taylor, nasceu em Hampstead, Londres, em 27 de fevereiro de 1932. Seus pais eram americanos e, em 1939, preocupados com a Segunda Guerra Mundial, retornaram para os Estados Unidos e se estabeleceram na Califórnia. Nessa época, um amigo da família, impressionado com a beleza e os olhos raros azul-violeta de Elizabeth, sugeriu que ela fizesse um teste no cinema, o que resultou em um contrato com a Universal Studios. Assim, com apenas 10 anos de idade, Liz iniciou a carreira cinematográfica, que durou cerca de seis décadas. Parte de sua vocação artística veio da mãe, Viola, que trabalhou como atriz até se casar, e outra de seu pai, Francis, do qual herdou o amor pela arte.

Elizabeth apaixonou-se pela profissão, trabalhava de maneira natural e instintiva, e revelou seu talento fazendo filmes infanto-juvenis da série *Lassie*. Seu maior sucesso na infância foi o filme *A mocidade é assim mesmo*, quando tinha 12 anos.

Em uma época em que as atrizes usavam cabelos descoloridos, sobrancelhas finas e lábios contornados, a beleza de Elizabeth destoava: seus cabelos eram negro-azulados, as sobrancelhas grossas. Os pais tiveram que intervir algumas vezes para que o estúdio não mudasse seu visual, tampouco seu nome para Virgínia.

Sua primeira atuação em um papel adulto foi em 1949, no filme *Traidor*, de produção britânica. A partir daí, ela evoluía a cada dia mais como atriz, tornando-se respeitada pela crítica atuando em filmes de grande sucesso como *Assim caminha a humanidade, Um lugar ao sol, Quem tem medo de Virginia Woolf, De repente no último verão, Gata em teto de zinco quente*, entre muitos outros.

A curiosidade geral sobre a atriz e sua vida pessoal vendia manchetes e, consequentemente, promovia o sucesso de seus filmes. Elizabeth foi reverenciada pelo público por seu talento e sua beleza impactante, mas também tornou-se conhecida por sua personalidade forte, explosiva, temperamental, e pela vida conturbada, marcada por escândalos amorosos, doenças, dependência de álcool e medicamentos, língua afiada, insegurança e depressão.

Liz Taylor casou-se oito vezes, sendo duas delas com o ator Richard Burton, com quem teve um relacionamento turbulento, recheado de traições, ciúmes, brigas e muita bebedeira.

O primeiro casamento de Liz foi aos 18 anos com o milionário Nicky Hilton, herdeiro da rede de hotéis Hilton. Foi uma relação com muitas desavenças e agressões de todos os tipos, e durou poucos meses. Dois anos depois, ela se casou com Michael Wilding e, com ele, teve dois filhos: Michael Jr. e Christopher. Divorciaram-se em 1956. O terceiro marido de Liz foi Michael Todd, que ela considerou o primeiro grande amor de sua vida e com quem teve uma filha, Liza Frances. Pouco tempo depois, Todd morreu em um acidente de avião.

Arrasada, Liz foi ao funeral do marido acompanhada por Eddie Fisher, o melhor amigo de Todd, cuja esposa, Debbie Reynolds, ficou cuidando dos filhos da atriz. Nessa época, Elizabeth Taylor chocou a conservadora América: ganhou fama de "destruidora de lares" quando Fisher divorciou-se de Debbie e casou-se com ela, em 1959.

E foi, ainda casada com Eddie Fisher, que Liz conheceu o ator britânico Richard Burton e com ele viveu seu romance mais tórrido. O caso entre eles começou durante as filmagens de *Cleópatra* e foi motivo de muitas fofocas em revistas e jornais. Embora ambos fossem casados nesse período, não conseguiram esconder a paixão desenfreada que sentiam um pelo outro. Foi um relacionamento passional, problemático, autodestrutivo e um período bastante conflitante. Dividida entre Burton e os desentendimentos com o marido, Liz tentou suicídio com altas doses de um medicamento com propriedades sedativas e anestésicas.

Além disso, Liz e Burton se envolveram de tal forma que as filmagens de *Cleópatra* ficaram totalmente comprometidas, devido à instabilidade, aos atrasos, às faltas e à paixão "enlouquecida" que vivenciavam. Como se não bastasse, a atriz também tinha ataques intempestivos nos sets de filmagens e uma saúde debilitada em função do álcool, do uso abusivo de medicamentos e da compulsão alimentar seguida de dietas rigorosas, que culminaram em internações. Nesse cenário caótico, Elizabeth Taylor ainda teve uma infecção viral e contraiu uma pneumonia que quase a levou à morte. Para fazer o papel de Cleópatra, a diva, que inspirou gerações, exigiu um cachê de 1 milhão de dólares (o maior de Hollywood naquela época), acomodações suntuosas e percentual de bilheteria, dentre outras regalias. *Cleópatra* não passou de um filme regular e foi um fracasso de bilheteria, mas, decididamente, mudou o destino de Liz para sempre.

Em março de 1964, Elizabeth Taylor e Richard Burton finalmente se casaram e ficaram juntos por dez anos. Nesse período, adotaram uma menina alemã, batizada de Maria. Divorciaram-se em 1974 e em 1975 casaram-se novamente, para se separarem de forma definitiva em 1976. Desde *Cleópatra*, o rei e a rainha de Hollywood tinham protagonizado doze filmes. Fora das telas, viviam uma vida boêmia, escandalosa, destrutiva, mas ao mesmo tempo um amor furioso: um não conseguia viver sem o outro, mas também não conseguiam viver juntos.

Burton, um alcoólico inveterado, agressivo e ciumento, jamais esqueceu Liz. Ela, por sua vez, o considerava sua "alma gêmea". Após a morte de Burton, em 1984, em decorrência da bebida,

Elizabeth declarou: "Desde aqueles primeiros momentos em Roma, permanecemos sempre louca e poderosamente apaixonados um pelo outro. Tivemos mais tempo, mas não o suficiente."

Logo depois do segundo divórcio com Burton, Liz se casou com o senador John Warner e com ele permaneceu até 1982.

Por inúmeras vezes, Elizabeth se submeteu a internações em clínicas de desintoxicação e, em uma delas, em 1991, se apaixonou por Larry Fortensky, 40 anos, um operário da construção civil. Casou-se pela oitava e derradeira vez no rancho Neverland, de propriedade do seu grande amigo Michael Jackson. A separação ocorreu em 1996.

Durante sua existência, Elizabeth Taylor foi cercada de muito luxo e glamour. Era extremamente vaidosa: adorava roupas, sapatos, bolsas e maquiagens das melhores grifes, além de ser uma colecionadora compulsiva de joias valiosas de todos os tipos.

Apesar do luxo, do glamour, de vários prêmios (três Oscar, Globos de Ouro, Ursos de Prata etc.) e do carinho dos fãs, Liz lutou contra muitas doenças até o fim da vida. Teve um tumor no cérebro, câncer de pele, insuficiência cardíaca crônica, pneumonia, osteoporose, fraturas, e passou por diversas cirurgias: "Tive sorte durante toda a minha vida. Tudo me foi dado de mão beijada: beleza, fama, fortuna, honras, amor. Mas paguei essa sorte com desastres, doenças terríveis, vícios destrutivos e casamentos falidos".

Após a morte de Rock Hudson, em 1985, de quem era muito amiga, Elizabeth Taylor tornou-se uma das pioneiras a se engajar em campanhas contra a Aids e chegou a angariar milhões de dólares para pesquisas.

Um dos mais belos ícones da história de Hollywood saiu de cena aos 79 anos, em 23 de março de 2011.

Inúmeras celebridades poderiam ser incluídas neste capítulo, pessoas cuja maneira de ser e viver é bastante compatível com o funcionamento borderline. O objetivo aqui não foi expor a vida de pessoas que já são públicas e idolatradas, mas sim exemplificar o transtorno, por meio de suas histórias.

Na matemática cerebral da razão × emoção, os borderlines mostram que a razão é um perdedor contumaz.

10
DE ONDE VEM TUDO ISSO?

Neste capítulo será abordada uma parte mais técnica que tem por objetivo ajudar o leitor a compreender um pouco melhor o complexo funcionamento cerebral das pessoas com transtorno de personalidade borderline.

No início do século passado, diversos psicanalistas já descreviam comportamentos compatíveis com os sintomas do que hoje conhecemos como o TPB. Mas foi Thomas Verner Moore o primeiro profissional da área a utilizar o termo borderline. Thomas o fez para designar uma forma de depressão psicológica na qual o paciente apresentava nítidos sintomas depressivos com ideias delirantes (deliroides) de cunho persecutório (mania de perseguição). No início da década de 1970, o transtorno foi finalmente reconhecido e incluído no DSM-III,[1] por meio dos estudos profundos de dois norte-americanos, Gunderson e Singer, da Escola de Medicina de Harvard. É importante destacar que o DSM é uma espécie de "bíblia" da psiquiatria americana, e suas formulações e orientações diagnósticas norteiam os profissionais da área de saúde mental de diversas partes do mundo. Trata-se de um manual sério e submetido a atualizações frequentes realizadas com o intuito de adicionar as novas descobertas sobre as mais diversas alterações do comportamento

---

1 Manual diagnóstico e estatístico dos transtornos mentais, 3ª edição. Em inglês: *Diagnostic and Statistical Manual of Mental Disorders*.

humano. Assim, a inclusão nesse veículo do transtorno de personalidade borderline, seu diagnóstico e até prognóstico constituiu um passo gigantesco para que o transtorno pudesse ser identificado e seus portadores recebessem o tratamento mais adequado e eficaz.

Infelizmente, ainda existem controvérsias e diferentes linhas de pensamento no meio científico e acadêmico sobre o TPB. No entanto, já podemos afirmar que é consenso o fato de os pacientes apresentarem alterações significativas no que tange às áreas afetiva e emocional, comportamental, social e cognitiva, como visto de forma mais detalhada no Capítulo 2.

O transtorno de personalidade borderline deriva de diversas disfuncionalidades neurobiológicas dentro dos incontáveis circuitos cerebrais. De forma mais didática, isso significa dizer que existem nesse transtorno alterações na produção e na liberação de vários neurotransmissores, que são substâncias produzidas no cérebro cuja função é transmitir e interconectar as informações entre os neurônios de várias áreas cerebrais. No caso específico dos borderlines, as áreas mais importantes são aquelas que estão relacionadas às emoções e à afetividade. Essa região recebe o nome de *sistema límbico* e pode ser considerada o "verdadeiro coração" do ser humano, pois é ali que nossas emoções são geradas, moduladas e, às vezes, extrapoladas.

Quando ouvimos expressões românticas do tipo "coração partido", tenha certeza de que o coração verdadeiro está inteiro, mas o coração mental (*sistema límbico*) encontra-se em "ebulição". A grande estrela do sistema límbico é a *amígdala* (não confundir com a amígdala da garganta), que poderá ser visualizada na ilustração das estruturas cerebrais apresentadas adiante.

Segundo Gunderson, com quem compartilho os fundamentos em relação aos borderlines, o pilar desse transtorno encontra-se na disfuncionalidade afetiva-emocional. Esse componente tão significativo determina as maiores dificuldades dessas pessoas: as relações afetivas de natureza interpessoal e até mesmo a intrapessoal. A disfunção afetiva determina e molda a forma como essas pessoas se relacionam com as mais próximas e íntimas e também com elas mesmas.

Neuroimagem funcional: novas perspectivas diagnósticas

Novos e transformadores ventos sopram no estudo e na compreensão dos transtornos do comportamento humano, graças aos avanços tecnológicos que nos conduziram aos exames de neuroimagens. Hoje, muito mais do que ver as estruturas do cérebro, podemos vê-lo em "ação", isto é, como ele se comporta quando sentimos alegria, raiva, amor, paixão, tristeza etc.

Até bem pouco tempo, os transtornos psiquiátricos eram diagnosticados levando-se em consideração os sinais e sintomas descritos pelo paciente e aqueles observados pelo médico durante o tempo de consulta. Uma revolução nesse aspecto se anuncia, pois a neuroimagem nos possibilita observar circuitos cerebrais e as áreas nas quais alguns deles se apresentam mais ativados ou mesmo hipofuncionantes. É essencial frisar que a boa e insubstituível relação médico-paciente na coleta de informações, bem como a perícia e a experiência do psiquiatra, são fundamentais para a elaboração diagnóstica e, consequentemente, do projeto terapêutico. No entanto, os exames de neuroimagem funcional, sem qualquer sombra de dúvida, abrem novas perspectivas no auxílio complementar para o diagnóstico dos transtornos mentais mais complexos que, por serem assim, podem levar muito tempo para serem determinados. No Capítulo 8, cheguei a comentar a triste estatística de que os borderlines levam, em média, dez anos para receberem um diagnóstico preciso, e esse tempo valioso costuma trazer consequências desastrosas para esses pacientes nos mais diversos setores de suas vidas, em particular o afetivo.

Os exames de neuroimagem funcional produzem imagens dinâmicas do cérebro nas quais podemos observar a atividade dos neurônios em diversas regiões cerebrais. Isso, na prática, nos mostra as áreas onde os neurônios "trabalham" mais, já que correspondem às regiões nas quais há mais consumo de "combustíveis" (oxigênio, glicose etc.).

Atualmente, a personalidade borderline é um dos comportamentos disfuncionais mais estudados e descritos pela psiquiatria. Apesar disso, esse transtorno ainda é bastante subdiagnosticado pelos profissionais da área de saúde mental. E isso é absolutamente justificável e compreensível, uma vez que o TPB apresenta uma forte tendência a se sobrepor a outros transtornos, de forma fronteiriça ou mesmo comórbida, como mostrado no esquema do Capítulo 1.

Raramente esse transtorno se apresenta de forma isolada, ou seja, sem outros quadros comportamentais associados. O grande desafio é detectar a disfuncionalidade primária ou central, pois, no caso dos borders, a alteração afetiva-emocional é a geradora de todos os demais transtornos associados e, por isso mesmo, secundários em relação à disfuncionalidade afetiva. É preciso ainda ter em mente que o diagnóstico dos transtornos de personalidade costumam ser os mais difíceis de serem realizados, já que, antes de tudo, o que existe é uma maneira de ser, pensar e agir que constitui o "eixo básico" daquela pessoa. O modo superlativo de viver é o seu "jeito de existir". Trata-se de uma personalidade que apresenta várias funções mentais alteradas e, por isso, sofre e/ou faz sofrer as pessoas ao redor por ter grandes limitações de ver a vida sob outro ângulo.

Meu entusiasmo em relação aos novos métodos de neuroimagens se torna ainda maior em relação aos borderlines, uma vez que tais técnicas poderão nos ajudar na árdua missão de desvendar os caminhos pelos quais as emoções e os pensamentos determinam os comportamentos instáveis e inesperados, geradores de muito sofrimento real e até imaginado ou fantasiado. Somente por meio de um conhecimento mais profundo seremos capazes de auxiliar essas pessoas a transcenderem o vazio angustiante de não conseguirem viver dentro de si mesmas.

Emoção em temperatura máxima: o papel principal da amígdala

Existem evidências de que os borderlines apresentam disfunções neurobiológicas, especialmente na região cerebral denominada frontolímbica. Essa área engloba a parte frontal do cérebro (região da testa) – responsável pela tomada de decisões, uma vez que o lobo frontal funciona como um "freio" cerebral – e todo o sistema límbico, constituído por diversas estruturas do cérebro (veja na figura a seguir) que comandam as emoções. Dentro do sistema límbico, a *amígdala* é a estrutura-chave na regulação afetiva, no processamento de nossas emoções e no exercício da impulsividade.

Uma série de estudos de neuroimagem estrutural (relativo ao tamanho), realizados por Mary C. Zanarini, da Harvard Medical School (EUA), demonstrou uma diminuição de diversas áreas do cérebro em pacientes borderlines, como o hipocampo, que é a área do cérebro responsável pela memória, a amígdala, responsável pelas emoções em geral, e o lobo frontal, que é uma área associativa do cérebro e por isso exerce a função de filtro ou freio para nossos excessos.

Estudos de neuroimagem funcional (metabolismo dos neurônios), também realizados por Zanarini, revelaram anormalidades no metabolismo da glicose (principal alimento das células cerebrais) nas mesmas regiões descritas antes, mas também evidenciaram de forma mais precisa alterações no córtex pré-frontal orbital – que faz parte do lobo frontal, mas é uma área mais específica onde são processadas as informações para que nossas decisões possam ser tomadas com mais racionalidade e equilíbrio. Outras alterações também puderam ser observadas, como a diminuição da atividade neuronal no tálamo (área responsável por direcionar informações vindas do corpo para áreas de interpretação e resposta), no hipocampo esquerdo, nos núcleos de base (responsáveis pelo início e término dos movimentos) e no córtex pré-frontal dorsolateral (área do lobo frontal específica para a regulagem da impulsividade).

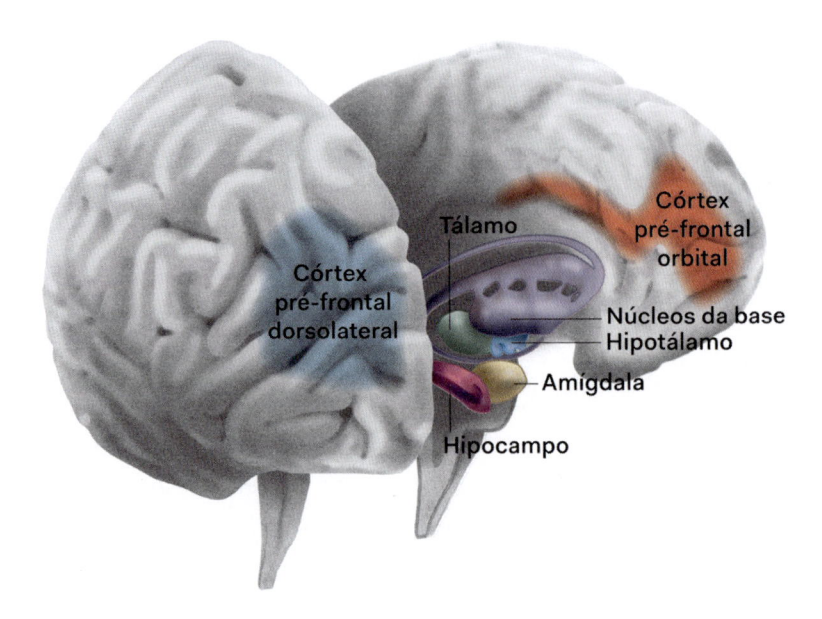

Figura 2. Regiões cerebrais do sistema límbico e córtex pré-frontal.
Elaborado por Lya Ximenez.

Dois grandes estudos, também de neuroimagem funcional, realizados pelos pesquisadores americanos Herpetz e Donegan e colaboradores, avaliaram o metabolismo cerebral (por meio do consumo de oxigênio pelos neurônios) em pacientes borderlines ao serem confrontados com determinadas fotos que continham expressões faciais diferentes e que representavam emoções bem definidas para a maioria absoluta das pessoas. As emoções retratadas foram de neutralidade, alegria, tristeza, medo. Com esses estudos, os pesquisadores puderam constatar que os borderlines apresentavam um significativo aumento de metabolismo nos neurônios da região da amígdala em comparação aos indivíduos que não apresentavam esse tipo de transtorno. Assim, eles puderam evidenciar que há maior reatividade frente às emoções sugeridas pelas expressões faciais nos pacientes borders quando comparadas com as pessoas não borders, que constituíam o grupo de controle.

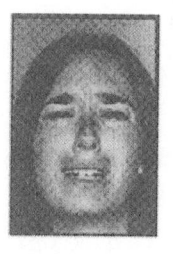

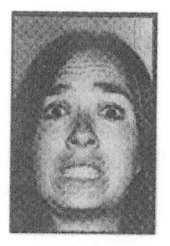

Figura 3. Atividade da amígdala frente à visualização das expressões faciais: neutralidade, alegria, tristeza, medo. (Fonte: Donegan *et al*, 2003)

Se a amígdala está hiperfuncionante nos borderlines, isso nos ajuda a entender o porquê de esses indivíduos viverem no limite de suas emoções e por que, às vezes, eles vivenciam "hemorragias emocionais", que podem ser observadas de forma inequívoca em seus ataques de raiva e fúria ou mesmo em seus atos desesperados de automutilação. Além da função básica de dar o tom de todas as nossas emoções, a amígdala acaba influenciando muitas outras funções mentais, uma vez que ela mantém íntimas conexões com diversas estruturas cerebrais. Dessa forma, tais estruturas em parceria com a amígdala tornam-se responsáveis pelo processamento, interpretação e armazenamento das informações advindas do próprio corpo e do ambiente externo e, consequentemente, do processo de aprendizagem decorrente de todo esse sistema sofisticado de trocas e conectividade de mensagens entre corpo, cérebro e o ambiente ao redor.

Emoção × razão

Segundo António Damásio, autor do livro *O erro de Descartes*, as melhores decisões são tomadas quando existe um equilíbrio entre o nosso lado emocional e o nosso lado racional. E para que nossas emoções possam nos auxiliar nas tomadas de decisão é necessário que elas se conectem com nossa memória; assim, emoções positivas tenderão a ser repetidas no futuro. Em contrapartida, a memorização das emoções negativas e causadoras de sofrimentos tenderão a fazer com que aprendamos a não repeti-las em outras ocasiões ao longo da vida. Para que essa relação entre emoção e razão seja harmônica e produtiva, é preciso haver uma conexão estreita entre a amígdala e o hipocampo. A memória é um processo completamente associativo, e a responsável por essa associação entre a emoção e o sentimento com o acontecimento ocorrido dentro ou fora do corpo é a amígdala, em parceria com o hipocampo.

A amígdala também mantém estreita relação com o núcleo *accumbens*, uma estrutura bem pequena que fica no meio do cérebro e é formada por um conjunto de neurônios capazes de produzir e liberar dopamina (neurotransmissor responsável pela sensação de prazer e motivação). O núcleo *accumbens* com a amígdala (coração cerebral) e o hipocampo (memória) são responsáveis pela interpretação dos fatos que vivenciamos e seus consequentes significados. Todas as situações (boas ou ruins) que fazem o núcleo *accumbens* liberar dopamina vão acionar no cérebro a vontade de repetição, em busca da sensação do prazer. O que irá definir se a repetição é benéfica ou não para o indivíduo são a amígdala e o hipocampo, que juntos são responsáveis pela interpretação emocional e o armazenamento das informações na forma de aprendizado.

Outra estrutura que guarda estreita relação com a amígdala é o córtex pré-frontal. Ele tem por objetivo "frear" o excesso de emoções advindo da amígdala hiperfuncionante desses pacientes, o que, convenhamos, não é uma tarefa fácil no caso dos borderlines. Antes de chegarmos ao córtex pré-frontal temos que recordar o papel decisivo da amígdala na regulação afetiva das pessoas. As informações sensoriais, oriundas dos sentidos ou do meio externo, ao chegarem ao cérebro passam pelo tálamo, que tem papel de redirecioná-las, ora para o córtex pré-frontal, onde as associações são feitas e as decisões tomadas, ora para a amígdala, que dá o tom emocional da história. Da amígdala os estímulos podem percorrer dois caminhos: um mais rápido e automático ou outro mais lento, elaborado e racionalizado.

O caminho rápido não passa pelo lobo frontal, vai direto para o hipotálamo, que libera uma série de hormônios para a manutenção da homeostasia do organismo. Entre esses hormônios está o cortisol, responsável pelo estresse, especialmente crônico, do organismo. Para o cérebro, o cortisol é uma substância extremamente tóxica em médio e longo prazos, e as células do hipocampo (memória) são as mais sensíveis a essa toxicidade. Como os borderlines vivem estressados, é fácil entender por que sua memória relativa a coisas desagradáveis não os impede de cometer os mesmos erros muitas vezes, especialmente no campo afetivo. Dessa forma, a via rápida propicia a exacerbação das emoções e uma falha no aprendizado, ambos gerados pelo cortisol, que ativa mais ainda a amígdala e intoxica e lesiona as células da memória localizadas no hipocampo.

No caminho mais lento, a amígdala passa as informações de volta ao tálamo, que, por sua vez, aciona novamente o córtex pré-frontal, que reforça o freio sobre as emoções amigdalianas.

Quando a amígdala está hiperativada, como ocorre nos borders, ela acaba chamando toda a atenção para si, fazendo os circuitos cerebrais se desviarem sempre em sua direção, através da via rápida. Isso gera o que denominamos de sequestro neuronal, no qual as tomadas de decisão tendem a ser automáticas e instintivas em vez de serem pensadas e mais elaboradas.

Assim, o córtex pré-frontal é subativado nos borders, pois a maioria das informações segue o caminho rápido que reforça a hiper-reatividade emocional desses indivíduos. Sem poder exercer o papel de filtro e freio emocional, o córtex pré-frontal pouco pode fazer para impedir as hemorragias emocionais que tomam conta dessas pessoas.

Na matemática cerebral da razão × emoção, os borders mostram que a razão é um perdedor contumaz. O estado de estresse crônico que constitui a vida dos borderlines também acaba por desregular o metabolismo de outra substância cerebral fundamental para que eles possam ser menos impulsivos, irritáveis ou agressivos: a serotonina. Nesses pacientes, a serotonina costuma apresentar uma profunda desregulação em seu processo de liberação. A alteração no metabolismo da dopamina e da serotonina diminui ainda mais a responsividade do lobo frontal e seu conteúdo mais racional e elaborado na forma de pensar e de agir. Tal condição reforça e retroalimenta, de forma mais desastrosa, o hiperfuncionamento amigdaliano desses pacientes.

Fatores genéticos

Sabemos que, desde o nascimento, o cérebro está em constante transformação. Em alguns momentos da vida, essa transformação é maior, como a que acontece durante transição da infância para a adolescência. O que já é consenso entre os especialistas é que nascemos com nosso temperamento bem definido, mas a personalidade não nasce pronta. Ela vai sendo construída ao longo da vida de acordo com as experiências vivenciadas. As mais diversas situações experimentadas por cada um de nós influencia esse "modelamento" rumo ao desenvolvimento pleno de nossa personalidade. Assim, podemos dizer que, ao nascer, a nossa genética traz uma personalidade pré-formada. E é em cima dessa predisposição que poderemos desenvolver certos tipos de transtornos mentais ou físicos. Tudo vai depender de quanto o fator genético é determinante em cada caso. Além disso, temos que considerar as influências que o meio externo provoca. Um ambiente desfavorável (traumas infantis, estresse crônico, relações familiares conturbadas etc.) poderá se constituir em um fermento propício ao desenvolvimento das formas mais graves dos transtornos.

Em relação ao transtorno de personalidade borderline, há um consenso de que 50% é determinado pela genética. Estudos realizados (Zanarini) evidenciaram um alto percentual de parentes de primeiro grau (mãe ou pai) com esse mesmo transtorno ou ainda com traços bem marcados dele. Em outros estudos feitos na Noruega, nos quais foram comparados gêmeos dizigóticos e monozigóticos, verificou-se uma concordância de 35% para os gêmeos monozigóticos e de 7% para os dizigóticos. Dentre todos os transtornos de personalidade, o borderline se mostrou o transtorno com maiores estimativas genéticas.

Tendo em vista a dificuldade diagnóstica nesse transtorno, ainda existem poucos estudos que apresentem um número significativo de casos para que conclusões mais específicas e precisas possam ser tomadas como algo definitivo. Dessa maneira, Mary Zanarini, da Harvard Medical School, concluiu que o componente genético no desenvolvimento do transtorno de personalidade borderline é bastante forte e que os fatores ambientais também influenciam a modelagem do mesmo, de forma mais expressiva do que em outros transtornos de personalidade em geral. E destaca ainda que estudos em grupos maiores, especialmente de gêmeos, são necessários para tornar essas conjecturas mais fidedignas.

Fatores ambientais

A constituição de nossa afetividade está intimamente ligada à maneira pela qual uma pessoa se relaciona com os outros e consigo mesma. O processo em que um indivíduo se enxerga como um ser único e independente dos demais é denominado de "subjetivação do eu", e ele ocorre por meio das experiências vivenciadas desde o início da infância. Entre 4 e 5 anos, uma criança já tem noção exata de que ela é um ser diferente de seus pais, especialmente de sua mãe. É nessa fase da vida que os pequenos começam a "mentir" e se divertem com a constatação de que seus pensamentos não podem ser totalmente desvendados por seus familiares ou cuidadores. Nas meninas esse processo costuma acontecer mais cedo do que nos meninos. Perceber-se um sujeito único, ao mesmo tempo que é mágico e fascinante para a maioria das crianças, pode se revelar algo aterrorizador e angustiante para aquelas que já nascem com uma genética bem marcada para a disfuncionalidade afetiva dos borderlines. Ver-se único para essas crianças pode fazê-las se sentir vazias, sós e desprotegidas. E é nesse momento que a influência do ambiente externo poderá fazer uma profunda diferença entre as crianças que apresentarão as formas mais leves ou apenas traços do transtorno, e aquelas nas quais evidenciaremos quadros graves com disfuncionalidades interpessoais capazes de colocar em risco suas próprias vidas e das pessoas com as quais estabeleçam relações intensas e doentias.

Nessa fase tão importante da infância, a estrutura familiar se mostra fundamental para um bom prognóstico para essas pessoas no futuro. Crianças que viveram em ambientes familiares violentos, com presença de brigas verbais ou físicas, apresentam maiores dificuldades em desenvolver uma afetividade saudável e estável. Essas famílias ensinam que o desrespeito é algo aceitável. Esse tipo de ensinamento dificulta em muito o desenvolvimento empático do indivíduo. Empatia é a capacidade de uma pessoa se colocar no lugar da outra. Sem o pleno desenvolvimento da empatia é impossível estabelecer uma relação interpessoal, especialmente de caráter afetivo, com o mínimo de harmonia e respeito. A questão da empatia é tão importante quando se trata de borderlines que é capaz de estabelecer a gravidade do quadro, bem como seu prognóstico. Borderlines empáticos possuem maior capacidade de autorreflexão e, consequentemente, são capazes de apresentar mudanças comportamentais significativas quando se engajam em um trabalho psicoterápico adequado.

Nos casos mais graves de pessoas com transtorno de personalidade borderline, é possível identificar em suas histórias infantis a presença de abusos sexuais, abusos físicos e maus-tratos por períodos prolongados (Zanarini).

E quando a criança tem uma mãe borderline ou com traços bem marcantes do transtorno?

Bom, aí fatores genéticos podem se somar a fatores externos de caráter educacional com consequências previsivelmente desfavoráveis. A mãe border, como vimos no Capítulo 5, é sempre de difícil convivência, mas, se for uma borderline grave, o envolvimento mãe-filho tenderá a gerar uma relação marcada pela ambivalência afetiva, imprevisibilidade, ansiedade e insegurança. Esses "ingredientes" são quase infalíveis para a construção de uma afetividade, no mínimo, conturbada.

Por todos os aspectos destacados, é possível observar que o transtorno de personalidade borderline trata-se de um dos mais complexos quadros relacionados às disfunções comportamentais humanas.

O que sabemos até o momento talvez seja apenas a ponta de um iceberg, mas todos os esforços para desvendar esse universo são válidos e necessários, pois conhecer o universo dos afetos e das emoções humanas é como revelar a origem de nossa essência. Descartes um dia afirmou "Penso, logo existo", e durante muito tempo não questionei essa afirmação; cheguei a citá-la com entusiasmo em diversas aulas sobre o funcionamento mental de nossa espécie. No entanto, hoje necessito rever alguns conceitos e esse é um deles.

Tenho o firme propósito de acreditar que, se Descartes pudesse ter acesso a todo o conhecimento científico gerado nos últimos vinte anos, pelo menos em relação ao funcionamento cerebral, ele se reescreveria em algo mais ou menos assim: "Sou humano, logo me emociono e, se as emoções me permitirem, pensarei adequadamente".

O amor verdadeiro guarda em si um caráter construtivo e, por ser assim, tem a capacidade de despertar o que há de melhor em nós, tanto para nós mesmos quanto para os demais.

11
A IMPORTÂNCIA DAS RELAÇÕES SAUDÁVEIS

O poeta já dizia: "Navegar é preciso, viver não é preciso."

Como seres sociais, estamos predestinados ou mesmo compelidos a navegar em relação aos nossos semelhantes. De um jeito ou de outro, nossas embarcações mentais estão sempre percorrendo ou ancorando em novos mares e oceanos.

Como o mar, nossas relações interpessoais estão sempre sujeitas a calmarias, tempestades, maremotos e até tsunamis.

Os estudos mais recentes no campo da neurociência confirmam o que os conceitos antropológicos, evolutivos e psicológicos já descreviam: fomos constituídos e programados para estabelecer relações conectivas com o outro. Nesse aspecto, podemos ir além: nascemos para nos conectar e essas conexões possuem um poder significativo de "esculpir" nossas vivências e também nossa biologia cerebral. Assim, nossas relações interpessoais mais íntimas e intensas são capazes de moldar nosso comportamento, bem como nosso equilíbrio bioquímico interno, o que inclui alterações hormonais e imunológicas que regem nossa homeostasia orgânica.

Nestes quase trinta anos de profissão voltados para os transtornos do comportamento humano e os funcionamentos mentais que orquestram tais padrões de ser e viver, aprendi uma lição: todo paciente tem muito a ensinar sobre a mente humana e nossas condições existenciais, como indivíduos e como espécie. E, a respeito disso, não tenho dúvidas de que a maneira borderline de ser, em suas diversas manifestações, tem muito a ensinar sobre nossa função afetiva. Quando falamos de afeto, imediatamente nos remetemos ao maior de todos eles: o *amor*.

A palavra *amor* talvez seja a mais utilizada nas mais variadas línguas e culturas. As citações sobre ele são incontáveis e abarcam diferentes tipos de pensamentos e emoções. Os poetas já o definiram em inimagináveis facetas, todas reflexos de certa cultura e de determinado tempo. Os sentidos atribuídos ao amor foram se alterando no decorrer dos séculos e alguns desses significados foram supervalorizados, em uma homenagem a seus respeitados autores de diversas épocas. Reverenciar certos textos, obras e autores é uma tendência da espécie humana, que tem por objetivo acrescer seu grau de significância frente à nossa fragilidade individual perante o universo. Se por um lado esse comportamento nos nutre de autoconfiança coletiva, por outro pode gerar equívocos conceituais capazes de se cristalizar por muitos séculos e gerações. O temor infundado do fim do mundo no ano 2000 é um bom exemplo desse aspecto do imaginário coletivo da humanidade.

Dentro desse contexto, podemos tirar uma primeira lição sobre o amor: é necessário repensá-lo, sob uma ótica mais cuidadosa e menos reducionista. Para tal, devemos estar libertos de conceitos predefinidos, tanto no passado longínquo quanto recente da história da humanidade. É hora de redefinirmos o conceito de amor, de tal sorte que possamos aprofundar nosso entendimento sobre esse sentimento que sempre exerceu fascínio sobre homens e mulheres. Por ele muitos vivem, se desesperam, cometem atos insanos, morrem e até matam. Mas será que o amor genuíno e verdadeiro é capaz de gerar tantos efeitos nefastos?

O amor em sua origem

Considero o amor o instrumento capaz de conectar o que há de mais profundo e genuíno entre um ser e outro. No meu entender, essa ligação interpessoal ou coletiva denomina-se *amor verdadeiro*. Sob essa ótica pessoal, o *amor verdadeiro* é um processo funcional em nossas vidas, que está intrinsecamente relacionado aos movimentos de amadurecimento, transformação, transcendência, compartilhamento, aconchego e solidariedade. O *amor verdadeiro* guarda em si um caráter construtivo e, por ser assim, tem a capacidade de despertar o que há de melhor em nós, tanto para nós mesmos quanto para os demais.

No outro extremo, existe o *falso amor* ou *amor possessivo*, que aprisiona, priva a liberdade pessoal, angustia, manipula, controla, reprime, machuca, enlouquece e humilha. Trata-se de um sentimento francamente disfuncional que, a meu ver, não deveria receber a denominação de *amor*. No entanto, em nossa cultura, muitos atribuem a esse tipo de relações afetivas o nome de amor, mesmo que esse título venha acompanhado de adjetivos pejorativos: amor bandido, amor de malandro, amor veneno, amor sofrido, amor tormento, amor vício, dentre outras denominações. Em nossa cultura musical observamos a presença desse tipo de amor em letras de cunho romântico e que enaltecem e alimentam esses sentimentos tão destrutivos quanto disfuncionais.

O amor nos dias de hoje

Observo uma grande contradição no que tange o amor nos tempos pós-modernos. O pós-modernismo tem como seu sustentáculo filosófico o individualismo, que, por sua vez, prega a satisfação pessoal como o grande objetivo a ser alcançado por cada um de nós. No mundo ocidental e já em boa parte do Oriente (China, especialmente), essa forma de pensar é estimulada ao extremo, até porque o consumo de objetos materiais de todos os tipos cresce de forma espantosa e faz a economia, que movimenta bilhões de dólares, se globalizar e se constituir no único meio de "felicidade possível" para grande parte da população mundial.

Talvez você esteja se perguntando: e o amor nisso? Pois é, eu também me pergunto: o amor pode ser comprado em prol da satisfação individual? É claro que a resposta é não. Como eu disse anteriormente, o amor em sua essência, que denominei *amor verdadeiro*, é algo que vem "de dentro", do universo individual de cada um de nós. Ele existe dentro de nós e cumpre seu destino de nos conectar de forma funcional e transformadora a outras pessoas, seja esse movimento individual ou coletivo. E aí como fica o amor na era pós-moderna? Fica como tem ficado: manco, capenga e exercido de forma extrema e disfuncional sob dois aspectos centrais:

1. *Amor egocêntrico*. O indivíduo só vê a si mesmo e estabelece "falsas conexões amorosas" que só servem para se satisfazer, se envaidecer e se autopromover. Nossa mídia está repleta de exemplos de ligações amorosas que não possuem nenhum vestígio de *amor verdadeiro*. Tudo é feito para "parecer" amor, mas na realidade são relações que conectam um ego faminto de exaltação, poder ou status a outro ego sedento de aceitação.

2. *Amor aderência*. No exercício desse tipo de conexão, o indivíduo se conecta ao outro por pura necessidade de possuir alguma identidade, uma vez que ele a possui de forma muito frágil e, em casos extremos, está lhe é praticamente nula. Alguém assim também busca a satisfação pessoal, mas

essa satisfação não está em conectar-se ao outro com o intuito de expandir seu próprio universo; o outro não é um meio para o crescimento, e sim o fim, onde se instalará após tomar posse do novo território. Trata-se de uma tentativa de adquirir uma identidade que a pessoa não encontra em si mesma. Nesses casos, é comum observarmos um dos parceiros afetivos (ou ambos) realizar uma verdadeira "fusão" existencial, que resulta na anulação de uma ou de ambas as personalidades prévias. Um exemplo típico dessa situação em nossa sociedade são as mulheres ou homens que carregam em seus nomes o título de "mulher do Fulano" ou "marido de Beltrana".

Seja como for, essas duas formas de se relacionar afetivamente são frequentes em nossos dias e, a meu ver, bastante disfuncionais sob o ponto de vista do que é o exercício de relações amorosas. Definitivamente, essas formas de conexões interpessoais não correspondem ao que denominei *amor verdadeiro*.

Ao mesmo tempo que o amor nos tempos pós-modernos tende a se apresentar de maneira tão disfuncional, grande parte dos desejos amorosos das pessoas de nossa época tem no mito do *amor romântico* um arquétipo a ser conquistado. E é nessa conquista que muitos de nós colocamos boa parte das expectativas de alcance da felicidade eterna.

O amor romântico

Para não nos perdermos em derivações filosóficas, poéticas, antropológicas e socioculturais, tentarei definir e explicar o *amor romântico* dentro de um conceito mais científico. Deixo claro que essa escolha não visa excluir nenhum dos aspectos anteriormente citados, que também me interessam muito. Resolvi proceder assim para ser mais didática e tornar mais acessível um assunto tão complexo. Os estudos mais recentes sobre o amor no campo da neurociência distinguem três grandes sistemas neurais: o do apego, o do cuidado e o do sexo.

O apego nos conduz à procura de pessoas com quem possamos contar em situações de perigo, aquelas que estariam prontas a nos socorrer quando precisássemos de ajuda. As pessoas pelas quais desenvolvemos apego são aquelas das quais mais sentimos falta em situações em que elas estão ausentes em nossas vidas.

O cuidado responde pelo impulso que temos de cuidar de alguém, especialmente das pessoas com as quais nos importamos mais e, consequentemente, nos preocupamos. Para facilitar o entendimento sobre apego e cuidado, podemos afirmar que o apego promove a união, funciona como uma "cola" que une o casal, a família, os amigos e demais afetos amorosos. Já o ato de cuidar visa suprir as necessidades dos que amamos.

O sexo, por sua vez, além de ser muito bom, é responsável pelo início de todo esse processo amoroso interpessoal. Convém destacar que o sexo, isoladamente, não constitui uma relação afetivo-amorosa; no entanto, todos concordamos que um sexo de qualidade propicia, em muito, o desenvolvimento do apego e do cuidado entre cônjuges ou parceiros amorosos.

Quando existem apego, sentimentos de cuidado e atração sexual, podemos afirmar que experimentamos um romance completo. A esse estado de harmonia e completude denominou-se *amor romântico*. O grande problema do *amor romântico* não é sua definição teórica, e sim sua prática cotidiana. Isso é facilmente compreendido, pois os circuitos neurais subjacentes ao apego, cuidado e sexo são neurobiologicamente independentes e envolvem caminhos neurais e neurotransmissores diversos, como foi visto no Capítulo 10. Em diversas situações da vida, um dos três sistemas pode se destacar mais que os outros dois, por isso podemos ter apego e cuidado genuínos por alguém sem, necessariamente, exercermos atividades sexuais com ele. E o oposto também pode ocorrer. Por outro lado, quando esses três sistemas estão conectados de forma simultânea, o *amor romântico* se manifesta em toda a sua plenitude, desencadeando uma ligação afetuosa, aconchegante e sensual. O que, convenhamos, é a glória da vida afetiva!

Aqui cabe uma observação importante: os caminhos do amor percorrem estradas diversas no cérebro, uma não racional (denominada subcortical ou secundária) e outra racional ou cognitiva. Dessa maneira, os motivos do amor sempre foram irracionais, mas sua execução e seu exercício demandam de nós racionalidade e planejamento; caso contrário, o destino do amor será sempre a dor e a desilusão.

Amor romântico × casamento nos dias atuais

De forma contraditória ao individualismo de nossos tempos, o *amor romântico* se tornou um mito de felicidade e tem, até hoje, na instituição do casamento seu representante social de maior expressão. O casamento ainda é um produto "vendido" como um remédio para muitos males do indivíduo em nossos tempos. Ele propõe a fusão de dois seres que se complementam perfeitamente na tríade apego, cuidado e sexo pelo resto da vida. Visto dessa forma, o produto casamento seria algo mágico, capaz de modificar nossa condição básica e existencial de seres únicos e solitários.

Por mais que não nos seja agradável aceitar esse fato, nossa condição humana nos faz seres dotados de um universo interior próprio e singular, no qual precisamos mergulhar solitariamente.

No entanto, não com objetivos egocêntricos infantis, e sim com o desafio de sermos inteiros em nós mesmos a fim de conectarmos o que há de melhor em nós com o inteiro e o melhor que há no outro. Nascemos sós e morremos sós, e isso pode não significar solidão e sim sermos solitários muito bem acompanhados por nós mesmos.

A utopia do *amor romântico*, como ele é "vendido" pela indústria de casamentos de contos de fada, tem se mostrado uma usina geradora de crises nas relações amorosas entre as pessoas. Os indivíduos entram em um casamento repletos de expectativas incentivadas pelo mito do *amor romântico*: todos apostam na estabilidade, no aconchego, na perenidade. No entanto, desejam e esperam que tais ingredientes salutares sejam acompanhados com o tempero da paixão e da atração sexual inflamada.

Não podemos esquecer que as pessoas, em sua grande maioria, casam ou se unem quando estão apaixonadas, e é justamente nesse momento que todas as suas expectativas amorosas encontram-se exacerbadas, como um número elevado a potências grandiosas, fazendo da união uma equação que se mostra imprecisa e potencialmente desencantadora.

A maneira border de ser nesse contexto

A personalidade borderline carrega consigo a disfuncionalidade amorosa, e quando nos referimos a isso podemos tomar como base de entendimento o estado de paixão que, provavelmente, todos nós já experimentamos algum dia. O amor não é cego, mas a paixão sim. A paixão nos faz ver o que não existe e apaga de nossa visão o que sinaliza perigo ou "não perfeição". Quem já viveu uma paixão sabe disso e não é por acaso que ela corresponde a um estado de desequilíbrio orgânico intenso e, como tal, tem sua duração predeterminada pelo organismo. Nosso cérebro é tão perfeito na tarefa de nos manter vivos que o estado de paixão geralmente tem duração limitada, de poucos meses a até dois anos. Se não fosse assim, a paixão, em vez de nos proporcionar uma experiência rica em nossas vidas, seria responsável por grandes adoecimentos físicos e mentais.

Se entendermos que a maneira como os borders vivem se assemelha, em muito, à experiência da paixão, poderemos compreender o quão desesperador é o cotidiano dessas pessoas. Enquanto para a maioria das pessoas a paixão é um estado passageiro e revigorante durante seu curso, para os borders viver é estar apaixonado todo o tempo, mas com os sentimentos negativos dessa experiência em predomínio absoluto. Eles são incapazes de se desprender das pessoas com as quais estão, sentem que nunca mais serão amadas, temem o abandono e a rejeição e, por isso mesmo, se submetem a muitas situações que a maioria das pessoas não suportaria no contexto de uma união afetiva.

Como foi visto, os amores dos tempos pós-modernos se apresentam sob a ótica do individualismo, sendo o *amor egocêntrico* e o *amor aderência* os mais comuns nesse sentido. Para uma personalidade border, se encaixar nessas formas de amor disfuncional é algo muito fácil e até, de certa maneira, natural.

No caso do *amor egocêntrico*, os borders podem tanto ser agentes ativos quanto passivos. Isso porque existem borders que apresentam um comportamento extremamente infantil e egoísta nas conexões afetivas e, nesses casos, se apegam ao outro para suprir a necessidade de serem importantes para alguém. Nesses casos, os sentimentos do outro costumam não ser percebidos, pois somente as suas necessidades é que contam. De forma inversa, pessoas borders também podem se submeter a parceiros extremamente egoístas e deles suportarem tudo com o único intuito de não serem abandonadas.

No que tange o *amor aderência*, a dinâmica disfuncional é semelhante, mas nessas situações os borders costumam ter um papel passivo e subserviente. Seus parceiros, em geral, exercem sobre elas um domínio absoluto que pode ser perigoso para o desenvolvimento pleno de suas identidades.

No caso do *amor romântico*, os borders têm a capacidade de torná-lo ainda mais fantasioso e idealizado. Por conta disso, suas vidas afetivas tendem a uma instabilidade que beira o caos, com repercussões em todas as áreas da vida desses indivíduos.

Como podemos ver, a disfuncionalidade amorosa é uma marca do amor nos tempos pós-modernos, que propagam a individualização e a autossatisfação ao mesmo tempo que alimentam e industrializam o mito do *amor romântico* em publicidades belíssimas, romances literários, filmes, novelas, programas casamenteiros, agências de encontros amorosos, sites de relacionamento e um suntuoso comércio que abrange as cerimônias sofisticadas de casamento. Diante desse panorama, todos se angustiam e se questionam: como amar e ser amado de verdade nos dias atuais? O amor de fato pode existir nos tempos pós-modernos ou o *amor verdadeiro* seria mais uma utopia?

Não tenho dúvidas de que o *amor verdadeiro* pode ser alcançado em qualquer tempo. A conexão com o outro está escrita em nossos genes. O vínculo amoroso não pode nem deve ser nosso fim, mas com certeza trata-se de nosso destino. Mesmo de forma utópica, o *amor romântico* continua a ser um dos maiores desejos de cada ser humano. Isso significa que não estamos dispostos a abrir mão de um sonho amoroso.

O que está em jogo não é a desconstrução do amor e sim sua reinvenção e sua resignificação. Precisamos entender que as relações de amor podem e devem ser duradouras, mas, para isso, o amor precisa ser trabalhado e cuidado, não como uma enfadonha obrigação, e sim como um processo em constante movimento que se mostra apto a se ajustar às transformações que o mundo e as circunstâncias da vida impõem a cada um de nós. O primeiro passo para isso é compreender que amadurecer implica em abrir mão de falsas e infantis expectativas, é fazer o que pode ser feito, sem nos distanciar de nossa ética essencial.

Com o amor não é diferente. Para que ele sobreviva e siga seu destino transformador, devemos exercê-lo sobre alicerces reais de amizade, companheirismo, cumplicidade. O *amor verdadeiro* é aquele que nos conecta com o outro e com o social, é o que há de melhor em nós em cada etapa de nossa existência. Esse amor não é o idealizado em nossos sonhos infantis, mas é real e está ao alcance de nossas escolhas e ações diárias. Difícil? Sim, mas possível.

Todos os questionamentos e informações aqui discutidos provocaram em mim profundas reflexões, que podem se revelar futuramente ideias úteis ou simplesmente se perderem no tempo. Na primeira hipótese, ficarei imensamente feliz em compartilhar essas ideias com muitas pessoas. Porém, se o conteúdo se mostrar sem valor na reinvenção da vida amorosa de quem ler esta obra, também me sentirei realizada pela oportunidade de pensar sobre esse sentimento que nos move desde que o tempo é tempo e nossa humanidade foi esculpida pelo exercício do amor.

Não terei constrangimento em rever meus conceitos e, quem sabe, novamente dividir com você, leitor, todos os meus pensamentos. Isso para mim é uma relação de *amor verdadeiro*, que a função de escritora me faz conhecer. Você daí e eu daqui, mas em conexão mente a mente, cérebro a cérebro, do que há de melhor no meu interior para o que existe de melhor em você. Esse é um amor funcional e bilateral que nos transforma mutuamente. Espero que essa história de amor não tenha fim, pois a busca do autoconhecimento é eterna, solitária, mas pode e deve ser compartilhada sempre.

Com amor verdadeiro, Ana Beatriz.

Bibliografia

ADES, Taty. *HADES: homens que amam demais.* São Paulo: Isis, 2009.

AGIRRE, Blaise A. *Borderline personality disorder in adolescents: a complete guide to understanding and coping when your adolescent has BPD.* Beverly: Winds Press, 2007.

AGRAWAL, H. R.; GUNDERSON, J.; HOLMES, B. M. & LYNS-RUTH, K. "Attachment Studies with Borderline Patients: a Review". *Harvard Review of Psychiatry*, 2004, vol. 12 (2), pp. 94-104.

ALMEIDA, Rosemary de Oliveira. *Mulheres que matam: universo imaginário do crime feminino.* Rio de Janeiro: Relume Dumará, 2001.

AMERICAN PSYCHIATRIC ASSOCIATION. DSM-5. *Manual diagnóstico e estatístico de transtornos mentais.* Tradução de Maria Inês Corrêa Nascimento *et al.* 5ª ed. Porto Alegre: Artmed, 2014.

———. DSM-IV-TR. *Manual diagnóstico e estatístico de transtornos mentais.* Tradução de C. Dornelles. 4ª ed. Porto Alegre: Artmed, 2002.

BAUMAN, Zygmund. *Amor líquido: sobre a fragilidade das relações humanas.* Rio de Janeiro: Zahar, 2004.

———. *Modernidade líquida.* Rio de Janeiro: Zahar, 2001.

———. *Vida líquida*. Rio de Janeiro: Zahar, 2007.

BERKMAN, E. T.; BURKLUND, L. & LIEBERMAN, M. D. "Inhibitory spillover: Intentional motor inhibition produces incidental limbic inhibition via right inferior frontal cortex". *Neuroimage* ago. 2009, vol., 15; 47(20), pp. 705-712.

BERNSTEIN, Albert J. *Vampiros emocionais: como lidar com pessoas que sugam você*. Rio de Janeiro: Campus, 2001.

BLOCH, R. Howard. *Medieval misogyny and the invention of Western romantic love*. Chicago: The University of Chicago Press, 1996.

BROWN, Sandra L. *Women who love psychopaths*. Penrose: Mask Publishing, 2009.

———. *How to avoid dating damaged women*. Edição do autor (e-book), 2011.

CATALÁ-LÓPEZ, F. *et al.* "The pharmacological and non-pharmacological treatment of attention deficit hyperactivity disorder in children and adolescents: protocol for a systematic review and network meta-analysis of randomized controlled trials". *Systematic reviews*, 2015, vol. 4(1), nº 19.

CLEARY, M. J. "Developments in Neurofeedback: Should Health Educators Be Paying Attention?". *Health Educator*, 2011, vol. 43(2), pp. 21-26.

CORTESE, S. & CASTELLANOS, F. "TDAH e neurociência". BISANZ, J. ED. TEMA. In: TREMBLAY, R. E.; BOIVIN, M. & PETERS, R. de V. (eds.). *Enciclopédia sobre o desenvolvimento na primeira infância*. Montreal, Quebec: Centre of Excellence for Early Childhood Development and Strategic Knowledge Cluster on Early Child Development, 2013, pp. 1-8.

EVANS, J. R. (ed.). *Handbook of neurofeedback: dynamics and clinical applications*. S.l.: CRC Press, 2007.

EUBANKS-CARTER, C. & GOLDFRIED, M. R. "The impact of Client Sexual Orientation and Gender on Clinical Judgements and Diagnosis of Borderline Personality Disorder". *Journal of Clinical Psychology*, 2006, vol. 62(6), pp. 751-770.

FERTUCK, E. A. et alii. "Executive neurocognition, memory systems and borderline personality disorder". *Clinical Psychology Review*, 2006, vol. 26, pp. 356-375.

FISHER, Helen E. *Por que amamos*. Rio de Janeiro: Record, 2006.

———. *The sex contract: the evolution of human behavior*. Nova York: Quill, 1983.

FRIEDEL, Robert O. *Borderline personality disorder demystified*. Filadélfia: Da Capo Press, 2004.

FRIEL, P. N. "EEG biofeedback in the treatment of attention deficit/hyperactivity disorder". *Alternative medicine review*, 2007, vol. 12(2), p. 146.

GERUZA, Silvia. *Amor romântico: isto existe? Do mito à realidade pós-moderna*. São Paulo: Fonte Editorial, 2010.

GIKOVATE, Flávio. *Ensaios sobre o amor e a solidão*. São Paulo: MG Editores, 2006.

GLÄSCHUR, J. et alii. "Elevated responses to constant facial emotions in different faces in the human amygdala: an fMRI study a facial identity and expression". *BMC Neuroscience*, nov. 2004, vol. 5(45). Disponível em: <https://bmcneurosci.biomedcentral.com/articles/10.1186/1471-2202-5-45>.

GOLEMAN, Daniel. *Inteligência social: o poder das relações humanas*. Rio de Janeiro: Elsevier, 2006.

HAUCK, Paul. *Como lidar com pessoas que te deixam louco*. Rio de Janeiro: Objetiva, 2009.

HOERST, M. et al. "Metabolic Alterations in the Amygdala in Borderline Personality Disorder: a Proton Magnatic Resonance Spectroscopy Study". *Biological Psychiatry*, 2010, vol. 67, pp. 399-405.

ISAY, Jane. *Walking on eggshells: navigating the delicate relationship between adult children and parents*. Nova York: Anchor Books, 2007.

ISENBERG, Sheila. *Women who love men who kill*. Lincoln: iUniverse.com, 2000.

JUDD, Patricia Hoffman & McGLASHAN, Thomas H. *A developmental model of borderline personality disorder: understanding variations in course an outcome*. Washington: APPI, 2003.

KAPLAN, H. I. & SADOCK, B. J. *Compêndio de psiquiatria*. 9ª ed. Porto Alegre: Artmed, 2007.

KINGMA, Daphne Rose. *Por que as pessoas que amamos nos levam à loucura*. São Paulo: Cultrix, 2001.

———. *The 9 types of lovers: why we love the people we do & how they drive us crazy*. Berkeley: Conari Press, 2003.

Lachkar, Joan. *The narcissistic/borderline couple: a psychoanalytic perspective on marital treatment*. Nova York: Routledge, 2003.

Lawson, Christine Ann. *Understanding the borderline mother: helping her children transcend the intense, unpredictable, and volatile relationship*. Lanham: Rowman & Littlefield, 2004.

Linehan, Marsha M. *Cognitive behavioral treatment of borderline personality disorder*. Nova York: The Guilford Press, 1993.

Malach-Pines, Ayala. *Falling in love: why we choose the lovers we choose*. Nova York: Routledge, 2005.

Mellville, Lynn. *Breaking free from boomerang love: getting unhooked from abusive borderline relationships*. Santa Maria: Melville Publications, 2009.

Moriyama, T. S. et alii. "Evidence-based information on the clinical use of neurofeedback for ADHD". *Neurotherapeutics*, 2012, vol. 9(3), pp. 588-598.

Polak, Helena. *Sensibilidade à flor da pele: entendendo o transtorno borderline*. S.l.: Clube de Autores, 2011.

Reich, D. B. & Zanarini, C. M. "Sexual Orientation and Relationship Choice in Borderline Personality Disorder over Ten Years of Prospective Follow-up". *Journal of Personality Disorders*, 2008, vol. 22(6), pp. 564-572.

Rezende, Claudia Barcellos & Coelho, Maria Claudia. *Antropologia das emoções*. Rio de Janeiro: FGV, 2010.

Riso, Walter. *Amar ou depender? – Como superar a dependência afetiva e fazer do amor uma experiência plena e saudável*. Porto Alegre: L&PM, 2010.

Robson, Kenneth S. *The borderline child: approaches to etiology, diagnoses and treatment*. Northvale: Janson Aronson, 1997.

Rodrigues, Gilmar. *Loucas de amor: mulheres que amam serial killers e criminosos*. Porto Alegre: Ideias a Granel, 2009.

Rodrigues, Gilmar & Nesti, Fido. *Loucas de amor em quadrinhos*. Porto Alegre: Ideias a Granel, 2009.

Rougemont, Denis de. *Love in the western world*. Princeton: Pantheon Books, 1983.

Roy, A. K. et alii. "Functional Connectivity of Human Amygdala using Resting State fMRI". *Neuroimage*, abr. 2009, vol. 1;45(2), pp. 614-626.

Sansone, R. A.; Lam, C. & Wiederman, M. W. "Being bullied in childhood: correlations with borderline personality in adulthood". *Comprehensive Psychiatry*, 2010, vol. 51, pp. 458-461.

Sansone, R. A. & Sansone, L. A. "The Interface: Emotional Hiper-Reactivity in Borderline Personality Disorder". *Psychiatry (Edgemont)*, set. 2010, vol. 7 (9), pp. 16-20.

———. "The Interface: The Fatal Attraction Syndrome: Stalking Behavior and Borderline Personality". *Psychiatry (Edgemont)*, mai. 2010, vol. 7 (5), pp. 42-46.

Scheff, Leonard. *A vaca no estacionamento: um guia para superar a raiva e controlar melhor as emoções*. Rio de Janeiro: Objetiva, 2012.

Silk, Kenneth R. (org.). *Biological and neurobehavioral studies of borderline personality disorder*. Washington: APPI, 1994.

Silva, Ana Beatriz Barbosa. *Mentes ansiosas: o medo e a ansiedade nossos de cada dia*. 2ª ed. São Paulo: Principium, 2017.

———. *Mentes depressivas: as três dimensões da doença do século*. São Paulo: Principium, 2016.

———. *Mentes e manias: TOC – transtorno obsessivo-compulsivo*. 2ª ed. São Paulo: Principium, 2017.

———. *Mentes inquietas: TDAH – desatenção, hiperatividade e impulsividade*. 4ª ed. São Paulo: Principium, 2014.

———. *Mentes perigosas: o psicopata mora ao lado*. 2ª ed. São Paulo: Principium, 2014.

Silva, Ana Beatriz Barbosa & Ximenez, Lya. *EMTr – Estimulação Magnética Transcraniana repetitiva*. Disponível em: <http://draanabeatriz.com.br/portfolio/emtr-estimulacao-magnetica-transcraniana-repetitiva>. Acesso em: fev. 2018.

Steiner, N. J. et al. "Neurofeedback and cognitive attention training for children with attention-deficit hyperactivity disorder in schools". *Journal of Developmental & Behavioral Pediatrics*, 2014, vol. 35(1), pp. 18-27.

Zanarini, Mary C. (org.). *Borderline personality disorder*. Nova York: Taylor & Francis, 2005.

Referências Amy Winehouse — Revistas, sites, DVD

Jornada Noite Adentro. *Rolling Stone Brasil*, São Paulo, nº 24, set. 2008.

Loucas por Amy. *Veja Rio*, Rio de Janeiro, ano 44, nº 2, 12 jan. 2011.

Teoria da perseguição, Uma. *Rolling Stone Brasil*, São Paulo, nº 24, set. 2008.

Winehouse, Amy: "A diva e seus demônios". *Rolling Stone Brasil*, São Paulo, nº 10, jul. 2007.

Winehouse, Amy: site oficial brasileiro. Disponível em: <http://www.amywinehouse.com.br>. Acesso em: 5 maio 2012.

Winehouse, Amy: The Official Website. Disponível em: <http://www.amywinehouse.co.uk>. Acesso em: 5 maio 2012.

Winehouse, Amy. *I Told You I Was Trouble – Live in London*. Direção: Hamish Hamilton. Produção: Melanie Vaughton. Nova York: Universal Island Records, © 2007. 1 dvd (150 min.).

Referências Marilyn Monroe — Revistas, sites e livro

"About Marilyn Monroe". *About James Dean, Janis Joplin, and Marilyn Monroe – Background to Alexie's "Tourists"*. In: Modern American Poetry. University of Illinois, Department of English. Disponível em: <http://www.english.illinois.edu/maps/poets/a_f/alexie/deanjoplinmonroe.htm>. Acesso em: 12 maio 2012.

Beleza eterna. *Rolling Stone Brasil*, São Paulo, nº 66, mar. 2012.

Marilyn Monroe. *Biography.com*. Disponível em: <http://www.biography.com/people/marilyn-monroe-9412123>. Acesso em: 10 maio 2012.

MARILYN MONROE. *Internet Movie DataBase*. Disponível em: <http://www.imdb.com/name/ nm0000054/bio>. Acesso em: 10 maio 2012.

PLANTAGENET, Anne. *Marilyn Monroe*. Porto Alegre: L&PM, 2011.

Referências Tony Curtis — Sites

ATOR AMERICANO Tony Curtis morre aos 85 anos. *Folha de S.Paulo*, São Paulo, 30 set. 2010. Ilustrada, *Folha.com*. Disponível em: <http://www1.folha.uol.com.br/ilustrada/807012-ator-americano-tony-curtis-morre-aos-85-anos.shtml>. Acesso em: 4 jun. 2012.

ATOR TONY Curtis morre em Las Vegas aos 85 anos. *Correio Braziliense*, Brasília, 30 set. 2010. Diversão e Arte. Disponível em: <http://www.correiobraziliense.com.br/app/noticia/diversao-e-arte/2010/09/30/interna_diversao-arte-215568/index.shtml>. Acesso em: 2 jun. 2012.

FURQUIM, Fernanda. "Tony Curtis (1985-2010)". Blog *Nova Temporada*, 30 set. 2010. Disponível em: <http://veja.abril.com.br/blog/temporadas/falecimentos/tony-curtis-1925-2010>. Acesso em: 3 jun. 2012.

MORRE O ATOR Tony Curtis, aos 85 anos. *Veja*, São Paulo, 30 set. 2010. Entretenimento, *Veja.com*. Disponível em: <http://veja.abril.com.br/noticia/celebridades/morre-o-ator-tony-curtis>. Acesso em: 3 jun. 2012.

TONY CURTIS. *Internet Movie DataBase*. Disponível em: <http://www.imdb.com/name/ nm0000348/bio>. Acesso em: 5 jun. 2012.

VIDA DE TONY Curtis parece ter saído de um roteiro de Hollywood. *Folha de S.Paulo*, São Paulo, 30 set. 2010. Ilustrada, *Folha.com*. Disponível em: <http://www1.folha.uol.com.br/ilustrada/807080-vida-de-tony-curtis-parece-ter-saido-de-um-roteiro-de-hollywood.shtml>. Acesso em: 4 jun. 2012.

Referências Janis Joplin — Sites e revistas

"ABOUT JANIS JOPLIN". *About James Dean, Janis Joplin, and Marilyn Monroe – Background to Alexie's "Tourists"*. In: Modern American Poetry. University of Illinois, Department of English. Disponível em: <http://www.english.illinois.edu/maps/poets/a_f/alexie/deanjoplinmonroe.htm>. Acesso em: 30 maio 2012.

ADEUS A JANIS Joplin, O. *Rolling Stone Brasil*, São Paulo, nº 49, out. 2010.

JANIS JOPLIN. *Little girl blue*, Amy Berg, 2015.

JANIS JOPLIN. *Biography.com*. Disponível em: <http://www.biography.com/people/janis-joplin-9357941>. Acesso em: 30 maio 2012.

JANIS JOPLIN. *Internet Movie DataBase*. Disponível em: <http://www.imdb.com/name/nm0429767/bio>. Acesso em: 29 maio 2012.

JANIS JOPLIN. *Revista Trip*, São Paulo, 1 out 2000. Disponível em: <https://revistatrip.uol.com.br/trip/janis-joplin-topless-copacabana>. Acesso em: 24 jun. 2012.

SACONI, Rose. "40 anos sem Janis Joplin". *O Estado de S.Paulo*, São Paulo, 4 out. 2010. Cultura, *Estadão.com*. Disponível em: <http://cultura.estadao.com.br/noticias/musica,40-anos-sem-janis-joplin,620007>. Acesso em: 2 jun. 2012.

JANIS Joplin – final 24 (série televisiva). Direção: Paul Kilback e Chris Bould. Roteiro: Michael Allcock e Paul Killback. Montreal: Cineflix Productions, 2007. (49 min).

Referências Elizabeth Taylor — Sites e revistas

COTT, Jonathan. "Elizabeth Taylor – A entrevista perdida". Tradução de Ligia Fonseca. *Rolling Stone Brasil*, São Paulo, n° 56, maio de 2011.

ELIZABETH TAYLOR. *Biography.com*. Disponível em: <http://www.biography.com/people/elizabeth-taylor-37991>. Acesso em: 13 jun. 2012.

ELIZABETH TAYLOR. *Internet Movie DataBase*. Disponível em: <http://www.imdb.com/name/nm0000072/>. Acesso em: 13 jun. 2012.

ELIZABETH TAYLOR ETERNA. *Veja*, São Paulo, nº 2.210, 30 mar. 2011.

MORRE A ATRIZ ELIZABETH Taylor, aos 79 anos, nos EUA. *Veja*, São Paulo, 23 mar. 2011. Entretenimento, *Veja.com*. Disponível em: <http://veja.abril.com.br/noticia/celebridades/morre-a-atriz-elizabeth-taylor-aos-79-anos>. Acesso em: 12 jun. 2012.

VIDA (POLÊMICA) E A CARREIRA (de sucesso) de Liz Taylor, A. *Veja.com*, São Paulo, 23 mar. 2011. Disponível em: <http://veja.abril.com.br/noticia/celebridades/a-trajetoria-de-elizabeth-taylor-um-icone-do-cinema-americano>. Acesso em: 14 jun. 2012.

VIDA PESSOAL DE ELIZABETH Taylor ficou marcada por seus casamentos. *Folha de S.Paulo*, São Paulo, 23 mar. 2011. Ilustrada, *Folha.com*. Disponível em: <http://www1.folha.uol.com.br/ilustrada/428438-vida-pessoal-de-elizabeth-taylor-ficou-marcada-por-seus-casamentos.shtml>. Acesso em: 14 jun. 2012.

Contatos da
Dra. Ana Beatriz Barbosa Silva

Homepage: draanabeatriz.com.br
E-mail de contato: abcomport@gmail.com
Instagram: instagram.com/anabeatriz11/
Facebook: facebook.com/draanabeatriz
Tiktok: tiktok.com/@draanabeatriz11
YouTube: youtube.com/anabeatrizbsilva
Twitter: twitter.com/anabeatrizpsi

Este livro, composto na fonte Fairfield,
foi impresso em papel offset 90 g/m² na Leograf.
São Paulo, março de 2025.